Una emperatriz en la noche

una
EMPERATRIZ
en la noche

Correspondencia desde
la locura de la emperatriz
Carlota de México
febrero a junio de 1869

Título de la versión original
Une impératrice dans la nuit (1996)

© Derechos reservados

Editado por Martha Zamora
Blvd. Interlomas núm. 5, local K-4
Centro Urbano San Fernando La Herradura
C.P. 52786. Huixquilucan, Estado de México.
Tel. (55)5290-1210 y (55)5290-0332
mzamora@prodigy.net.mx
www.martha-zamora.com.mx

Primera edición: 2010
Segunda edición: 2016

Traducción: Martha Zamora
Fotografía de portada: Reproducción autorizada
por el Instituto Nacional de Antropología e Historia
CONACULTA-INAH-MEX

Diseño y formación: Lizbeth de Lucio
Fotografía contraportada: Arturo Padilla

ISBN: 978-607-9084-00-4

Impreso en México
Printed in Mexico

Índice de capítulos

Del editor

La imagen que la mayoría de los mexicanos guarda de la emperatriz Carlota, esquemática e incompleta, tiene poco en común con la realidad. Olvidamos o desconocemos que llegó a México con escasos 24 años de edad y salió del país, para no volver más, apenas dos años después. Es por ello doblemente notable que su huella haya quedado tan grabada en la historia del país, aun cuando deformada.

La tenemos presente artificialmente embellecida por el pincel del pintor alemán Franz Xavier Winterhalter, quien había sido pintor de la corte de su abuelo francés Luis Felipe. Se le conocía como "el pintor de los príncipes" y de su pincel surgieron imágenes icónicas de la emperatriz Eugenia de Montijo y de su cuñada la bella emperatriz Sissi. El vestido que porta en el retrato ha sido admirado por generaciones de jovencitas... pero nunca fue lucido por nuestra emperatriz, ni siquiera elegido por ella. Siguiendo el sistema empleado por el pintor, tomó apuntes del rostro de la princesa belga y archiduquesa austriaca a su paso por París y, posteriormente, obtuvo un vestido del diseñador inglés Charles Frederick Worth para copiar meticulosamente los detalles, el brillo de las telas y la caída de los encajes, mientras permaneció montado sobre un maniquí.

Poco se ha difundido que ese rostro de aspecto dulce no refleja la fuerza con que enfrentó las responsabilidades de la regencia de un país sumido en el desorden y la intranquilidad social, con escasos recursos económicos y un compromiso brutal contraído con las fuerzas de la ocupación francesa, por cierto siempre ataviada de gris, sin adornos ni joyas. La preparación para gobernar recibida al parejo de sus dos hermanos varones, el futuro emperador Leopoldo II y Felipe duque de Flandes; su dominio de los idiomas y de la historia; la oposición que recibió tanto de la sociedad femenina de la época como de los miembros nacionales y extranjeros del gobierno imperial en la capital de México. Cómo presionaba para hacer pasar leyes inteligentes, cuánto incomodaba a los secretarios de estado al citarlos al amanecer, durante las ausencias de su esposo el emperador, para pedirles reportes sobre avances en las comisiones encargadas por ella.

Todo esto en un país donde las mujeres estaban confinadas a desempeñarse en el hogar bajo la férula estricta y total de un padre, un hermano o un marido. Ha quedado escrito en las memorias redactadas muchos años después por la viuda del general Miguel Miramón, fusilado junto con el emperador Maximiliano en el Cerro de las Campanas en Querétaro, el testimonio del juicio de sus contemporáneas: "Probablemente los grandes estudios que había hecho esta señora, que son superiores a la capacidad de la mujer, lastimaron su cerebro. Unido a esto su gran orgullo, el ver que se desplomaba el trono en que había subido determinó la completa descomposición de su naturaleza y, poco antes de la caída del imperio, perdió el juicio".

Obligado por sus colaboradores o celoso de la comparación que se hacía con él, tan romántico y poco dado al trabajo organizado supervisado con constancia, Maximiliano la desplaza hacia actividades menores e instauración de instituciones benéficas, lo que la sume aún más en la depresión.

Ya enloquecida, en la correspondencia de 1869 rescatada en este libro gracias al trabajo acucioso de Laurence Van Ypersale, consigna en sus cartas el deseo de acceder a los espacios reservados a los hombres en el grito "quiero ser hombre" y en la afirmación de que "si hubiera sido hombre en 1864, Querétaro hubiera sido evitado".

Una vez que hace cambios en su sexo y en su historia, afirma categórica: "Por primera vez en 29 años yo soy yo" y se decide a desaparecer como mujer. Le pide al doctor Delhaie: "Venga esta tarde a mi habitación, entre las siete y media y las ocho, y azote a la emperatriz de México, despedácela que no quiero serlo más".

Después de una experiencia frustrante alejada de las decisiones que cuentan, sintiéndose capaz y preparada pero inmovilizada, consigna en esta correspondencia desde uno de los castillos reales belgas: "He deseado ardientemente labrarme un porvenir por mí misma; detesto las fortunas que no han costado nada y las coronas que nacieron ya sobre la cabeza. Siento que tengo el temple necesario para abrirme paso en este mundo; mezclarme y meterme con todos, construirme un espacio que yo misma habré creado, que yo iniciaré y yo sostendré". Queda perfectamente claro que siempre ha pensado que, en otras circunstancias, ella hubiese gobernado y defendido el imperio mexicano de otra manera y con resultados distintos.

La efigie de joven matrimonio feliz que los emperadores mostraban en las fotografías que circularon profusamente entre la sociedad de México, malamente se ve respaldada por un análisis más profundo de complicaciones diversas que separaron al matrimonio casi desde su inicio. Basta observar detenidamente las múltiples ocasiones en que Carlota, ilusionada con viajes en el futuro próximo, comunica esos planes a su familia sólo para ser dejada atrás mientras su esposo prosigue en compañía de amigos y compañeros de viaje. Se le envía sola a Bruselas, a Viena, se le deja en Miramar. Se embarcan juntos hacia Brasil pero ella es abandonada en la isla de Madeira mientras Maximiliano continúa hacia un viaje en donde reporta pasar "días de los más felices de mi vida".

El origen de sus problemas mentales ha sido analizado de varias maneras, incluso tomando en cuenta la posibilidad de que hubiera ingerido alguna hierba abortiva que le afectó el cerebro. Es importante tomar en cuenta que en un período extremadamente corto de su vida pierde a su abuela querida, la reina María Amelia, quien se hizo cargo de ella a la muerte de su madre cuando contaba apenas con diez años de edad. Pierde también a su padre, su protector, su mentor y el hombre más querido y admirable en su vida; el imperio se desploma y, para agravarlo todo, es probable que se encontrara embarazada fuera de matrimonio en el momento en que se aleja del país. Al despedirse de su esposo en el poblado de Ayotla, cerca de Puebla (se refiere al hecho en varias ocasiones dentro de la correspondencia compendiada en este libro), ella resiste pero el emperador se rinde a las lágrimas. La emperatriz aún cree poder conseguir ayuda en Europa, sea de Napoleón III o del Papa Pío IX a fin de que no se retire el apoyo del ejército francés, contraviniendo los Tratados de Miramar conforme a los cuales se aceptó el imperio. Volverá, será sólo una ausencia de algunos meses…

Al llegar a México en 1864, la boda con Maximiliano de Habsburgo había tenido lugar ya siete años atrás y aún no concebían el heredero necesario para el establecimiento pleno de la "autocracia latina, paternalista y hereditaria" que perseguían. A través de una nota del 5 de mayo de 1869, reproducida en este libro, podemos inferir que el matrimonio no se consumó porque Carlota expone:

"El matrimonio que realicé me dejó como estaba; nunca le negué hijos al emperador Maximiliano (…) mi matrimonio fue consagrado en apariencia. El emperador me lo hizo creer pero no lo fue, no por mi parte porque yo siempre le obedecí, sino porque es imposible que lo fuera o yo no me habría quedado como lo que soy".

Las canciones populares y los grafittis en México denotan que había ya el rumor de que la emperatriz estaba embarazada y huía por eso a través del océano (Adiós Mamá Carlota, la gente se alborota al verte tan gordota). Ella escribe, la razón ya perdida, en una nota sin fecha dirigida al general Douay. "Estuve embarazada nueve meses de la redención del Diablo, nueve meses de la Iglesia y ahora estoy embarazada del Ejército; hágame dar a luz en octubre".

Esta posibilidad se vería confirmada por el hecho de que, cuando la familia real belga rescata a Carlota de su encierro en el *Gartenhaus* de Miramar donde ha estado aislada de todo visitante durante meses, se inician procedimientos nulificadores del vínculo al regresar la generosa dote, tan peleada por el archiduque antes de la boda. Se dividen las propiedades y se le elimina totalmente del linaje Habsburgo. En la cripta de los monjes capuchichos, donde se entierra a toda la familia Habsburgo, no está Carlota pero sí las esposas de otros archiduques. Ella regresa a su familia en Bélgica y está enterrada en el panteón de Laeken.

Ante el conjunto de enormes penas, la soledad en que ha quedado tras la desaparición de su esposo, de su padre y de su abuela querida, tras el colapso del imperio llega a "olvidar" que existió. Escribe que le ha sido enviada una carta "que cree que es de la princesa Carlota de Bélgica. Eso me sorprende porque no sabía que había una princesa Carlota de Bélgica. Le expreso mi más profundo asombro".

Una vez que parte del puerto de Veracruz el 13 de julio de 1866, su historia tiene un apunte anecdótico de la instalación de la locura en Roma y luego simplemente desaparece. Vivió aún 60 años más y es ahora, con este libro —que consideré esencial traducir y publicar— cuando podemos vislumbrar algo de lo que pasó con la emperatriz Carlota durante su confinamiento en dos de los tres castillos belgas (el tercero sería Bouchout donde murió) en los que transcurrió la mayor parte de su vida.

Martha Zamora
Edición y traducción
México, 2010.

Carlota, princesa de Bélgica, archiduquesa de Austria y emperatriz de México.
Reproducción autorizada por el Instituto Nacional de Antropología e Historia.
CONACULTA-INAH-MEX.

Maximiliano de Habsburgo, archiduque de Austria y emperador de México.
Reproducción autorizada por el Instituto Nacional de Antropología e Historia.
CONACULTA-INAH-MEX.

Napoleón III de Francia.

Agradecimientos

Deseo agradecer a todos los que, por su búsqueda de la verdad y por su fe en el hombre, despertaron en mí esta pasión por la humanidad, esta satisfacción de encontrar a otro como tal, el asombro ante el misterio de todo ser. Pienso en particular en Sebastien Falque y en Anne Verougstraete. Reciban por este medio la expresión de mi más profunda gratitud.

Mis agradecimientos más sinceros a Ginette Michaux por su caluroso apoyo, sus preciosas aclaraciones psicoanalíticas y sus consejos literarios. Le agradezco también haber leído mi manuscrito.

Gracias a Eugénie Kiszczuk por sus estudios grafológicos y por las enriquecedoras discusiones que compartimos.

Gracias, en fin y sobre todo, al Profesor Jacques Lory, quien me enseñó el rigor del historiador, la atención a los detalles y la fidelidad a los documentos, la exigencia científica y la benevolencia humana.

Charles Loysel, teniente coronel del ejército francés. *Reproducción autorizada por el Instituto Nacional de Antropología e Historia*. CONACULTA-INAH-MEX.

Prefacio

Me es un placer presentar una obra delicada que merece obtener la atención tanto del público como de los historiadores y de los psicólogos.

No resulta nunca irrelevante tener entre las manos documentos que, como los que Laurence van Ypersele nos presenta aquí, son testimonio de una experiencia mental patológica y del destino real o fantástico al que pertenecen. Las crudas palabras de la locura, reservadas a la intimidad de los allegados, a la confidencialidad del consultorio o de sus publicaciones, raramente se divulga ante una gran audiencia, salvo cuando sus fulgores toman la forma de una obra literaria o constituyen una correspondencia como la de Van Gogh y su hermano Theo. El poder seguir palabra a palabra la construcción de un delirio solitario y el derrumbe de un pensamiento que se deteriora en el silencio es una experiencia que llama con más fuerza, porque ese recorrido refleja el espesor de una vida cargada de historia, derrotada por la historia. Ahí reside todo el arte de la historiadora para hacernos vivir, por medio de sus comentarios, un conjunto de cartas que son la prueba, la rendición irremediable ante la locura de un personaje de la historia de Bélgica, Carlota, emperatriz de México. Al presentar una correspondencia de más de doscientas cincuenta cartas que escribió en espacio de unos meses, Laurence van Ypersele nos hace sentir, sin complejidades ni tecnicismos, la música de la desgracia íntima y de la muerte.

La obra no es valiosa solamente por haber exhumado los archivos de la familia real de Bélgica y haber hecho accesibles documentos inéditos que corresponden a un momento en la vida de Carlota mal conocido por los historiadores. También tiene un propósito, nuevo y atrevido, que se desmarca de una actitud corriente dentro de la historia en la que la indiferencia en un periodo de total retraimiento de la vida pública rivaliza con la desvalorización de episodios biográficos marcados por la locura. Ahora bien, es derecho de la locura existir como objeto para que el historiador reivindique su autoría. Haciendo esto, emprende un camino original dentro de la psicohistoria, corriente que, si bien es reciente, se apoya en la historiografía. En general, la psicohistoria tiene por objetivo tanto el recurrir a explicaciones de la psicología o del psicoanálisis para interpretar los sucesos pasados, como para "reconstituir la evolución de los dones psicológicos", como lo decía L. Febvre (Febvre. L. *Combats pour l'Histoire* 1953, Ed. Colin, París) Pocos, si no es que ningún ejemplo existe de lo que aquí se hace: preguntarse sobre los contenidos psicológicos que el curso de la historia puede presentar sobre sus actores. Pregunta que también concierne a los psicólogos y, en particular, a psicólogos sociales que abordan su área desde una perspectiva histórica.

El tratamiento que una época o una sociedad reserva a la locura revela las visiones del hombre y del mundo de las que se nutre y el orden social que pretenden instituir o defender. Asímismo, las figuras en las que encarna la locura abren la imaginación a los fantasmas y los conflictos que inspiran su historia. Entre ellas, las figuras que llenan el mundo político (particularmente las locuras reales) inspiraron la creatividad artística y literaria, provocaron duda en los historiadores. Sin remontarse a la escena mítica antigua, basta con pensar en la obra de Shakespeare o la de Visconti para ver en ellas el carácter emblemático de lo trágico, de la oscuridad o de la grandeza de la condición humana. La elección de la correspondencia de la emperatriz destronada no se aparta de esta tradición ya que los delirios que desvela reflejan una época y sus desgarramientos.

En efecto, el libro de Laurence van Ypersele nos permite ver cómo la historia y el drama de una familia real se infiltran en la psique de uno de sus miembros. Heredera educada en ambiente de virtud y de sumisión, en los deberes de su sangre, Carlota se unió, con un sentido agudo de responsabilidad, a la aventura colonial en la que se comprometió su esposo, Maximiliano, archiduque de Austria y emperador de México por iniciativa de Napoleón III. Fue llevada ahí para desempeñar un papel que su época no estaba lista para reconocer en una mujer. Después de haber asumido en México la regencia en ausencia de su marido, de manera intermitente aunque eficaz, no fue del agrado de éste y provocó el rechazo inmediato; quiso probar otros caminos por medio de Napoleón III y del Papa para salvar el imperio. Su locura se declaró en camino al Vaticano: la falsedad de Napoleón III lo convierte en su perseguidor. Desde entonces, su familia la encerró en el olvido y en el silencio y el material mismo del delirio epistolar en el que se refugia durante su aislamiento muestra la manera en que tomó en sus manos la historia para realizar su drama privado. Dividida entre sus raíces belgas y francesas, herida por la traición del soberano francés, es a Napoleón III al que se dirige, en una relación de identificación con el agresor, para escapar a la soledad de su reclusión. Francia, cuna de imágenes maternales —madre, abuela, gobernante— perdidas demasiado pronto, se convierte en un lugar de refugio y de libertad en el que la protección se encarna en la persona de un oficial francés que sirvió a Maximiliano con honestidad. El asombro ante su destino provoca la confusión entre el espacio y el tiempo y el intercambio de entornos.

La correspondencia de Carlota puede leerse también como la narración de la historia de una mujer del siglo XIX que fue un siglo de contrastes para la feminidad. A la austeridad victoriana, al sometimiento gris de la mujer a un lugar y a un papel familiar codificado, a la elaboración médica de una naturaleza sexualmente perturbada, se enfrenta el feminismo naciente, la emancipación que se desarrolla en el mundo de las letras y de las artes, la reivindicación social y la voluntad de conquista de los roles reservados hasta entonces a los hombres. Estos contrastes fueron vividos algunas veces hasta una contradicción patógena por algunas figuras cuyo destino ilustra las luchas por el reconocimiento de los derechos de la mujer y los estragos por la privación de los mismos. En tanto que George Sand ha podido proclamar su creatividad como hombre y gozar de su libertad entre ellos, otras mujeres, como Camille Claudel, estuvieron expuestas al sufrimiento y no resistieron la lucha entre la expresión vehemente de su voluntad de escisión del orden masculino y la moral prevaleciente. No se puede evitar pensar en tales personajes al leer las cartas de Carlota en las que el deseo amoroso se manifiesta plenamente, con la conciencia de que tenía que desempeñar un papel político, de que podía hacerlo y de que no le sería permitido.

Estas expresiones de locura femenina son incluso más patéticas porque nos transmiten el grito de aislamiento, la búsqueda de un interlocutor que no encuentra dentro de su prisión dorada. Palabras a destinatarios que nunca fueron contactados, llamado que no recibió nunca respuesta, esta correspondencia muestra la obra destructora de la ausencia de diálogo, de la falta de reciprocidad en el intercambio. A lo largo de los cientos de cartas se deja ver cómo el delirio se cristaliza, se exacerba porque no encuentra la calma de un escucha; cómo florece en estos personajes faltos de interlocutor, cómo la escritura se nubla, el discurso se disloca, el pensamiento se desmorona en la soledad de la imprecación dolorosa.

La obra de Laurence van Ypersele ofrece una rara ocasión para observar, en la brusquedad y la violencia de su forma, una destrucción mental. No es este el menor de sus intereses. Cabe añadir que más allá del documento humano que presenta, constituirá, gracias a los comentarios en los que la historiadora se acompaña de una psicóloga, un material de reflexión para las ciencias humanas.

Denise Jodelet
Escuela de Altos Estudios de Ciencias Sociales.

Preludio

En la oscuridad, los ojos heridos se abren para observar formas borrosas y fantasmagóricas. La luz es demasiado fuerte, la realidad es demasiado dura. Una joven de veintiocho años se sumerge en las tinieblas. Un mundo imaginario que nadie más comprende. Sin embargo, su entorno ha tratado en vano durante dos años de traerla de vuelta a la realidad, a la luz, a la vida. Lentamente su silueta se desvanece en la noche. Todos asisten, consternados e impotentes, a la partida de esta mujer a tierras lejanas, inaccesibles y sin regreso del país de la locura.

Deriva

Observan cómo la barca se desliza y desaparece en la niebla. En la orilla, esperan que regrese el navío con su pasajera. Pero los años pasan y la niebla no se disipa. ¡Esperaron sesenta años! Hasta que por fin, una tormenta de nieve trajo de vuelta la barca, a bordo... un cadáver.

Silencio

Nada predecía este viaje en la noche. Al principio había luz. Todo dirigía a esta niña brillante, plena de vida, de inteligencia y de ambición hacia un gran porvenir. En veinticuatro años, Carlota acumuló los títulos más prestigiosos: princesa de Bélgica, archiduquesa de Austria, emperatriz de México. Después, vendrían las tinieblas. Un abismo en el que caerían a la vez el imperio, el emperador y la razón de la emperatriz.

Telón

Al pronunciar la palabra "locura" ¿se ha dicho todo? Las biografías de la emperatriz Carlota no dedican más de una escasa veintena de páginas a este largo periodo de su vida.[1] ¿No merece este loco viaje ser incluido? ¿Las tinieblas son realmente silenciosas? ¿No ha lanzado Carlota al mar una botella que podamos recuperar en el océano de archivos?

Gracias a la familia real de Bélgica tuve la oportuni-
dad de encontrar un conjunto incomparable de cartas[2]
escritas por Carlota, del 16 de febrero al 15 de junio
de 1869. Estas cartas están dirigidas principalmente

[1]   Principalmente: A. Castelot, *Maximillien et Charlotte du Mexique. La tragédie de l'ambition.* París, Perrin, 1977; M. Kerckvoorde, *Charlotte, la passion et la fatalité,* París-Gembloux, Racine, 1981; H. Reinach-Foussemagne, *Charlotte de Belgique, Impératrice du Mexique.* París, Plon-Nourrit et cie., 1925.
[2]   Varios centenares en total, de los cuales 245 cartas están dirigidas a Loysel, 22 a Napoleón III y 90 notas sin fecha, dirigidas, la mayor parte, al general Douay.

a Charles Loysel, oficial francés,[3] pero también a Napoleón III, Leopoldo II, María Enriqueta, innumerables generales franceses, su familia Orléans y toda una serie de personas.[4]

Carlota siempre fue una impresionante escritora de cartas. En el periodo que nos ocupa escribía prácticamente cada día de una a veinte cartas, con frecuencia a la misma persona. Incluso para la época era una cantidad enorme. El entorno de la emperatriz utilizaba estas cartas para conocer sus deseos,[5] pero no las enviaban nunca. Su escritura clara, regular y cuidada no delata ningún signo de locura. Los documentos en los que se basa este estudio son numerosos aunque repartidos en un período corto: febrero a junio de 1869. Sin embargo, estos meses son justamente aquellos en los que Carlota se desequilibra definitivamente.[6] Pude entonces seguir,

---

[3]   Charles-Joseph-Marie Loysel, funcionario de la Escuela del Estado Mayor, comandante del Estado Mayor francés, bajo las órdenes del general (después mariscal) Bazaine. En agosto de 1864 fue comisionado por el general en jefe a Maximiliano para el viaje a lo largo de su nuevo imperio. En la primavera de 1865 fue enviado por Maximiliano ante Napoleón III con el fin de convencerlo de no retirar sus tropas. Esta misión fracasó. En marzo de 1866 regresa al servicio de Maximiliano y es ascendido a teniente-coronel; de regreso a Francia, en diciembre de 1868, se casa con Louise Leroy.

[4]   Estas personas tienen una característica común: todos forman parte del cuerpo francés de expedición a México o están ligados a la familia Bonaparte.

[5]   Como escribe Leopoldo II a la reina Victoria, en 1870 (citado por M. Kerckvoorde, *op. cit.*, p, 267).

[6]   Hasta entonces, los médicos y la familia real creían en la existencia de una cura. Sin embargo, después de la crisis de 1869, se abandona toda esperanza. De ahí el interés particular en esta correspondencia. Con

semana a semana, el vertiginoso descenso en la noche. Quizá las cartas me llevaron junto con ella en esta larga deriva, a la vez conmovedora y terrible, porque es profundamente humana, desesperada y desesperante. Los documentos se presentan como una luz al corazón mismo de las tinieblas, de la cautivadora personalidad de Carlota, de su enfermedad y de sus causas.[7]

En un nivel puramente histórico, la correspondencia también es un testimonio extraordinario de una época, la expresión —aunque delirante— de la experiencia personal de uno de los principales actores de la aventura mexicana. El análisis de estas cartas muestra lo que marcó incluso la locura de la emperatriz de México y destaca la importancia y la manera en la que se vivieron algunos acontecimientos fundamentales de la triste epopeya. Así, por ejemplo, las relaciones imaginarias de Carlota con el ejército francés y con Napoleón III son testimonio de la relación de verdadera dependencia de los soberanos mexicanos con Francia y del carácter insoportable de dicha dependencia para Carlota. Delirios que también transportan grandes ideas, valores e ideales que marcaron a toda una parte de la sociedad del siglo XIX: honor, deber, sacrificio. Valores que son para Carlota leyes absolutas que debe

mayor razón porque, hasta aquí, los historiadores no tenían más que vagos testimonios indirectos de esta importante crisis en la evolución de la enfermedad de Carlota.

[7] Sería en vano buscar en estas cartas revelaciones políticas. En efecto, si bien se evoca con frecuencia la aventura mexicana, no se puede extraer información fáctica valiosa.

acatar incluso bajo pena de muerte. Su correspondencia es un siniestro espejo en el que encontramos la mentalidad de la época deformada, engrandecida, desfigurada, espejo en el que se encerró. Prisionera de un reflejo absurdo del que ella es sorprendente testimonio. Es eso lo que justifica ampliamente, me parece, la curiosidad del historiador por estos documentos.

Sin embargo, el interés en esta correspondencia va mucho más allá de una simple contribución histórica. Son cartas simplemente conmovedoras. Botella en el mar o, quizá mejor, un grito de desesperación que nos volcará a nuestra impotencia fundamental, a nuestros propios miedos, a lo esencial. En la profundidad de esta noche de pesadilla, tuve la sensación de encontrar a alguien, una humanidad desgarrada, una pregunta sin respuesta. Pero, ¿no se debe a que todavía hoy consideramos la locura como una enfermedad vergonzosa? Enfermedad que se prefiere ignorar, negar. Locura, sujeto del tabú, como la muerte. La locura, además, ¿no es ya, a los ojos de la mayoría, la muerte del sujeto? Es, en lo más profundo, el último grito de rebelión contra dicha muerte. "Antes loco que esclavo", escribió Marie Balmary a propósito de Nietzsche.[8] Un rechazo que nos compete a todos radicalmente y que nos llevará incluso hasta la angustia. La muerte y la locura son sin duda tabúes, porque una y otra están a nuestra espera y a cada uno desnudan. Rechazo rechazado. Ahora, el

---

[8]   M. Balmary, *La divine origine. Dieu n'a pas créé l'homme*. París, Grasset, 1993, p. 282.

horror se niega. Sin embargo, desde el mismo cuerpo, la enferma está privada de palabras: aquel que tiene tanta necesidad de hablar es reducido al silencio y ese silencio es asesino. Carlota siempre fue negada. Su entorno le llenó la cabeza de conceptos preformados. Nació en la cumbre de la sociedad y le enseñaron a merecer ese lugar. La feliz fortuna se convirtió en aplastante responsabilidad. De privilegiada inocente se convirtió en culpable. Los culpables no tienen derecho a la palabra. Carlota fue reducida humanamente al silencio. La aventura mexicana fue como una palabra muda disfrazada de acción, el último intento de mostrar la nobleza de su nacimiento. El fracaso de esta epopeya marca, para ella, el triunfo del silencio. No le resta más que el delirio de expresar el incontenible deseo de existir. Es justo, me parece, cederle la palabra, incorporar estas palabras a su contexto y, de esa manera, hacer emerger el sentido profundo y doloroso de lo que a primera vista parece incoherente.

Comenzaré por recordar algunos elementos importantes de la vida y de la personalidad de Carlota, sin los que es imposible comprender estas cartas. En seguida, estudiaré los diferentes temas o ideas fijas que atraviesan la correspondencia. Estas parecen surgir de la nada, se repiten, se descontrolan y se regeneran por intervalos sucesivos, como una escalera gigantesca en la que los escalones se enciman en un descenso cada vez más rápido. Ello permitirá recrear el mundo imaginario de Carlota y comprenderlo para encontrar en lo más profundo de sus delirios una humanidad que busca expresarse...

La realidad de una vida

El 7 de junio de 1840 vio el nacimiento del último hijo de Leopoldo I y Luisa María. Después de tres varones, el primero de los cuales murió a los pocos meses, nace una niña, Carlota, como Carlota de Inglaterra, la primera y bienamada esposa de Leopoldo I. Los nombres son rara vez inocentes. La pequeña Carlota será también la bienamada (¿la demasiado amada?). De los tres hijos, se transforma rápidamente en la preferida de su padre. Además, este amor es correspondido. Ella le envía frecuentemente notas encantadoras y se convierte en su confidente.

A la edad de diez años Carlota pierde a su madre. De ella guardará la imagen de un ángel. Luisa María sufría por el distanciamiento de su familia. A pesar del respeto y de la admiración que le consagró a su esposo, la reina de los belgas soñaba con regresar al cálido ambiente familiar de su infancia en Francia. En Bélgica se consagra de todo corazón a sus hijos y vigila su educación, cuyos principios estaban definidos por el mismo Leopoldo I. Los infantes reales no son mimados. Utilizan los vestidos hasta desgastarlos y no tienen derecho a quejarse. Carlota tiene una buena relación con su hermano Felipe, pero no con el mayor, Leopoldo, que disfruta molestándola y que con frecuencia la hace llorar. Después de la muerte de la reina, el 11 de octubre de 1850, el ambiente familiar en Laeken se torna más austero que nunca. Poco a poco, bajo la influencia de la educación paterna, el carácter de Carlota cambia completamente, se ensombrece y se retrae. Su buen humor y su espontaneidad, su vivacidad y su entusiasmo por la vida desaparecen.[9] Sin duda, Carlota no sufrió falta de atención por parte de Leopoldo I, pero él se ausentaba frecuentemente. Además el viejo rey[10] tendía cada vez más a aislarse, incluso de sus hijos, con los que se relacionaba por medio de numerosas cartas. La ausencia física de su padre hizo sufrir terriblemente a la joven Carlota.[11] Otra persona marcó su infancia: su abuela materna, la reina María Amelia, dulce y afectuosa. Sin embargo, ella también se ausentaba frecuentemente. Toda la correspondencia de Carlota con su *querida abuela* está marcada por el lamento de su ausencia. Carlota necesita afecto. Se refugia de todo corazón en su

[9]   H. de Reinach-Foussemagne, *op. cit.*, pp. 26-27.
[10]   Tenía cincuenta años de edad cuando nace Carlota.
[11]   Había razón para ello, si se considera que en 1860, después de cuatro años de ausencia, Carlota, de regreso a Bruselas por algunos días, no pudo ver a su padre, aunque éste se encontraba en el palacio. *Cfr.* M. Kerckvoorde, *op. cit.*, pp. 172-173.

institutriz, la condesa de Hulst,[12] una amiga de infancia de su madre. Ella también, después de algunos años, abandona a Carlota para regresar a Francia. Carlota continúa intercambiando correspondencia con su institutriz. Sin embargo, la ausencia se deja sentir de nuevo. ¿Es de asombrarse entonces que durante su delirio de 1869 deseara volver a Francia, como su madre, al país de su abuela y de su institutriz?

Confiada a los tutores de sus dos hermanos, su educación intelectual y artística está marcada por los principios rígidos de Leopoldo I: introspección constante y culto a las obligaciones. El rey, en efecto, considera que, para las cabezas coronadas, la fuerza de carácter es cualidad primaria. Por tanto, en la Europa posterior a 1789, se debe poder hacer frente a las adulaciones y saber juzgar lo que tiene valor y lo que no lo tiene… Bajo esta óptica, se considera el estudio de la historia como uno de los más importantes. Carlota es una niña dócil y dedicada. Leopoldo I está orgulloso de ella y con frecuencia la cita como ejemplo ante sus hermanos menos entusiastas. La educación religiosa de Carlota, a cargo de la condesa de Hulst y del padre Deschamps,[13]

[12] Condesa Maurice de Hulst, nacida en 1807. Antonieta Denise de Grimoard de Beauvoir du Roure de Beaumont Brison, institutriz de Carlota, provenía de una familia muy ligada a la Casa de Orléans. Amiga de Luisa María, fue su compañía en Bélgica y la soberana agonizante la puso a cargo de la educación de la niña. Desempeñó dicha labor con gran celo hasta que regresó a Francia. Fue reemplazada por madame de Bovée, pero Carlota continuó intercambiando correspondencia con la condesa de Hulst. *Cfr.* H. de Reinach-Foussemagne, *op. cit.*, p. 30.

[13] Víctor Augusto Deschamps (1810-1883). Religioso redentorista, que fue uno de los más notables oradores del púlpito belga y de su

es austera y abrumadora: la omnipotencia de un Dios a quien los príncipes le deben entregar cuentas, el deber de la perfección, etc.

A los trece años Carlota está muy impregnada de la idea de la deuda que los príncipes tienen con Dios, quien les ha otorgado una parte de su poder pero también les ha ordenado ver por el bien de los pueblos que les son confiados[14] (idea fundamental que se encuentra en los delirios de 1869). Ahora bien, Carlota fue siempre ejemplo de una gran dedicación en todo: sigue conscientemente el camino trazado por su padre y se esfuerza con obstinación para obtener la perfección moral y espiritual de la que le hablan sin cesar y en todo lugar. Las cartas del padre Deschamps y las de la condesa de Hulst llaman siempre su atención sobre los deberes religiosos y morales, incluso en los años posteriores a su matrimonio.[15] En 1855, varias cartas de Carlota atestiguan su abatimiento: se considera perversa y lucha con empeño contra ella misma;[16] se hace más crítica y más exigente respecto a los demás. Estos principios inaccesibles añaden un peso inhumano sobre su joven espalda y se convierten en una verdadera obsesión. Hicieron de ella, escribe M. Kerckvoorde, una mujer "orgullosa, altiva y

---

tiempo. Se convirtió en archiduque de Malines y primado de Bélgica; estará entre los más ardientes defensores de la infalibilidad del papa en el Concilio 1870. Fue confesor de Carlota. *Cfr.* M. Becque, *El cardenal Deschamps*, 2 vols. Lovaina, Ediciones Rialp, S.A., 1956.

[14] M. Kerchvoorde, *op. cit.*, p. 27.
[15] H. de Reinach-Foussemagne, *op. cit.*, pp. 31-32.
[16] Aquello que lleva a la culpa más absurda.

distante, pero también valiente y generosa, inteligente y activa, con una gran sensibilidad social" que soñaba en hacer realidad grandes cosas para la humanidad.

En 1856, ante Carlota se presentan dos pretendientes: Pedro de Portugal y Maximiliano, archiduque de Austria. Esta elección la hace temblar. Finalmente, en contra de la opinión de su padre y por influencia de la condesa de Hulst, escoge a Maximiliano. Una vez tomada la decisión, Carlota inviste a su prometido de todas las cualidades posibles. Su admiración no tiene límites. No ve la avidez de "su" archiduque. Éste insiste a Leopoldo I que la dote sea la más grande posible. Por lo demás, Carlota se angustia: ve cómo se prepara su matrimonio pero se siente desamparada. Necesita ayuda. En varias ocasiones, pide en vano a la condesa de Hulst que vaya a Bruselas.[17] Ésta no llega sino hasta después de la ceremonia de matrimonio, en julio de 1857.

El comienzo del joven matrimonio es brillante. En Milán, de donde Maximiliano es nombrado gobernador, las visitas y las recepciones son constantes. Sin embargo, en 1859, siguieron con angustia las operaciones militares tras las derrotas austriacas en Magenta y Solferino[18] que beneficiaron a Víctor-Emanuel, ayudado por las tropas de Napoleón III. En sus primeras cartas Carlota se muestra feliz. Sin embargo, a partir de 1858

[17] M. Kerckvoorde, *op. cit.*, p. 46.
[18] Estos dos nombres aparecen con frecuencia en la correspondencia delirante de 1869.

la palabra soledad es la que aparece con más frecuencia. El aburrimiento también. De hecho la vida de la pareja está lejos de ser exitosa: Maximiliano nunca ha reconocido a Carlota por lo que es realmente, es decir, una joven resuelta, inteligente y capaz de gobernar. En México, la engañará a la vista y a sabiendas de todos, la dejará en la soledad y sin hijos.

La aventura mexicana de 1864 a 1867 es para Carlota la oportunidad que siempre había soñado. Se involucra en cuerpo y alma en esta empresa propuesta por Napoleón III. El emperador francés se libraba de esa forma de un asunto turbio.[19] En efecto, la anarquía que prevalecía en México desde 1859 había puesto en peligro los intereses de los occidentales. Francia, Gran Bretaña y España deciden tomar medidas de represalia limitadas. Sin embargo, pronto parece que Napoleón III se prepara para intervenir el territorio mexicano él mismo. Gran Bretaña y España vieron ahí una tentativa de expansión territorial y se retiraron del juego, de tal suerte que Francia se encontró sola. Sin embargo, los franceses habían subestimado la resistencia de los

---

[19] Desde que Maximiliano y Carlota aceptaron el trono mexicano, en abril de 1864, el emperador de Francia sabía que se trataba de un mal asunto. *Cfr.* M. Kerckvoorde, *op. cit.*, pp. 84-96.

Nota del traductor: en realidad, la batalla del 5 de mayo de 1862 en Puebla fue una victoria inesperada y grandiosa para las tropas mexicanas. El general Charles Latrille de Lorencez se retira derrotado con mil bajas entre muertos y heridos en combate. No obstante, es hasta un año después, en marzo de 1863, cuando llegan a las puertas de la ciudad 23,000 elementos del cuerpo expedicionario francés, comandados ahora por el general Louis Frederic Elie Forey, y sitian la plaza que se rinde el 9 de mayo de ese año, tras 62 días de aislamiento.

mexicanos. El 5 de mayo de 1862 el cuerpo expedicionario sufre una derrota sangrienta en Puebla, que cobra la vida de 7,000 franceses. El 7 de junio ya eran 23,000 hombres los que acechaban la ciudad. La victoria en esta ocasión es total. El 10 de junio se conquista. En 1864 todo México parece pacificado, con excepción de un núcleo muy organizado cerca de Oaxaca. La llegada a México de los nuevos soberanos —comprometidos a reembolsar la inversión de la intervención francesa- libraba a Napoleón III de una aventura costosa que la opinión pública repudiaba cada vez más.

El papel desempeñado por Charles Loysel en México no parece fundamental; en todo caso, permanece en gran medida en las sombras.[20] En México, a partir de 1862, bajo las órdenes del general Bazaine,[21]

[20] Tres obras no indican nada que lo desmienta: M. Kerckvoorde, *op. cit.*, A. Castelot, *op. cit.* y H. de Reinach-Soussemagne, *op. cit.* Por el contrario, cuatro trabajos fuente nos dan algunas indicaciones: Ch Blanchot, *L'intervention française au Mexique*, 3 vols. París, Émil Nourry, 1911; C. Bouffin, *La tragédie mexicaine*. Bruselas, A. De Wit, 1925; E. Corti, *Maximiliano et Charlotte au Mexique*, 2 vols. París, Mussée Royal, 1927; P. Gaulot, *L'expedition du Mexique*, 2 vols. París, Nabu Press, 2010.

[21] François-Achille Bazaine (1811-1888). Mariscal de Francia, entra en 1831 a la Infantería. A partir de la campaña en Italia participa en las batallas de Melegnano y de Solferino. Fue enviado por Napoleón III, en julio de 1862, como comandante de la Primera División de Infantería y del cuerpo expedicionario francés. Toma Puebla y hace su entrada a México el 7 de junio de 1863, sin combatir. En julio, Napoleón III decide otorgarle el comando de los cuerpos expedicionarios en reemplazo del general Forey, que fue destituido y nombrado mariscal en septiembre de 1864. Se consagra sobre todo a las intrigas políticas que atacan solapadamente al emperador Maximiliano. Espera que el Partido Conservador Mexicano, en caso de que el emperador Maximiliano parta, le proponga el establecimiento de una especie de protectorado fran-

conoce bien el país para cuando Maximiliano y Carlota entran en México el 12 de junio de 1864. Dos meses después de su llegada, el emperador emprende un viaje de tres meses acompañado de Loysel y a través de su nuevo imperio.

"Maximiliano, escribe P. Gaulot, deja la regencia en manos de la emperatriz y parte de México el 11 de agosto. Lleva como escolta dos regimientos de caballería mexicanos, un oficial del Estado Mayor francés, el comandante Loysel, fue asignado por el General en Jefe a su persona y designado para servir como intermediario entre los comandos superiores en los centros ocupados por nuestras tropas."[22] Ch. Blanchot añade: "En esta modesta campaña, el general Bazaine asignó un oficial francés que debía proporcionar al augusto viajero toda la información e indicaciones necesarias de acuerdo con las circunstancias. Se trataba del comandante Loysel, oficial del Estado Mayor del cuerpo expedicionario. Este oficial supo rendir tan grandes servicios en los detalles del viaje que adquirió, de parte del joven soberano, una confianza que debió utilizar brillantemente más tarde."[23]

Durante este tiempo Carlota ejerce la regencia con inteligencia y reflexión; preside con firmeza el Consejo

cés en el que pueda ocupar un lugar de importancia. Bazaine se retira de México en febrero de 1867. En la guerra de 1870 capitula frente a Prusia. Es condenado a muerte por traición en 1873, pero escapa y muere en España.

[22] P. Gaulot, *op. cit.*, t. l, p. 393.
[23] Ch. Blanchot, *op. cit.*, t. II, p. 201.

de Ministros; recibe informes semanales de la situación política y de la seguridad pública proporcionada por los prefectos y los comandos militares franceses; dedica todos sus domingos a audiencias; intenta satisfacer —en la medida de lo posible— las peticiones[24] y pasa incluso revista ocasionalmente a las tropas victoriosas. En síntesis, Carlota se desarrolla bien en la acción. Aquello no durará: poco después de su regreso, Maximiliano aparta a su mujer del poder y la confina a obras de caridad. Debido a las numerosas ausencias del emperador, ella asume de nuevo la regencia, pero con un margen de acción mucho más estrecho. De hecho para Carlota esto trae decepción y finalmente el repliegue en sí misma.

En la primavera de 1865, Maximiliano cede ante la opinión pública que hostiga a su Jefe de Gabinete, el ingeniero belga Éloin, y le envía en misión a Europa. Su gabinete es entonces administrado por Loysel "hombre leal y conciliador, escribe Buffin, que intenta mejorar la situación. Sin embargo, diversos actos del emperador aumentarán aún más el descontento de sus aliados".[25] Loysel estaba convencido de la urgencia de la formación

[24] Carlota hace alusión a ello en su carta del 23 de abril de 1869. Nótese que afirma también haber gobernado con Loysel, lo que pudo haber sido posible en 1865 pero no en 1864, ya que él estaba al lado de Maximiliano durante el viaje.

[25] C. Buffin, *op. cit.* Bazaine no hace nada por ayudar al emperador a crear un ejército nacional. El imperio mexicano no tuvo nunca un verdadero ejército, lo que ponía a Maximiliano y a su imperio en total dependencia de las tropas francesas.

de un ejército o de una policía nacional y se encarga de ello en vano. De acuerdo a E. Corti, por el contrario, Loysel es un hombre astuto y prudente que juega un doble juego: en realidad no era más que un "cómplice de Bazaine" contra Maximiliano. Fue Loysel el que intrigó contra Éloin "ya que veía en él al hombre que deseaba arruinar la influencia francesa ante el monarca. En efecto, Loysel era en primer lugar francés, en segundo lugar estaba al servicio de Maximiliano y también daba informes privados a Bazaine".[26] A partir del primero de marzo de 1865, se estableció un sistema de comunicación cotidiano entre el emperador y el cuartel general francés. Loysel desempeñaba un papel importante y permitía, durante dicho periodo, las buenas relaciones entre los dos.[27] Infortunadamente, las tensiones entre Maximiliano y Bazaine se agudizan durante todo el año 1866. En efecto, Francia se quiere liberar del compromiso y finalmente decide el retiro de sus tropas, sin honrar los tratados firmados en 1864.[28]

Maximiliano, cada vez más inquieto, envía primero al general Almonte, después a una persona de confianza, Loysel, con el fin de convencer a Napoleón III de dejar a sus tropas en México. La misión fracasa.

[26] E. Corti, *op. cit.*, t. II, p. 13.
[27] P. Gaulot, *op. cit.*, t. II, p. 197.
[28] Los acuerdos militares estipulaban que veinticinco mil soldados y la Legión Extranjera ocuparían México hasta que pudieran ser reemplazados. La Legión permanecería durante un mínimo de seis años. A cambio, el gobierno de México debía pagar a Francia doscientos setenta millones por su expedición y mil francos por cada soldado de Napoleón III.

En México, las tensiones entre el emperador y Bazaine son cada vez más dramáticas.[29] "Mientras tanto, escribe P. Gaulot en marzo de 1866, Maximiliano había comprendido la utilidad que tenía el acercarse al Comandante en Jefe y regresar a sus relaciones la cordialidad que las había hecho fáciles y útiles en otro momento. Este feliz cambio se debe atribuir menos a una decisión personal que a los consejos del comandante Loysel, quien había regresado recientemente a México. Leal y devoto tanto al soberano al que se le había autorizado servir como a su país, el comandante aconseja a Maximiliano con los conceptos más sabios, reflejo de conversaciones sostenidas con Napoleón III. Actúa como valiente mediador y no escatima esfuerzos para, dentro de su campo de acción, paliar las faltas y evitar las divisiones. Si no tuvo éxito fue porque la situación era ya demasiado catastrófica."[30]

Estos testimonios muestran que Charles Loysel fue muy cercano a Maximiliano y pudo ejercer en él una influencia efectiva, aunque controversial. Por tanto, Carlota lo conoció bien. Sin embargo, no se sabe nada de la naturaleza de sus relaciones. La emperatriz está hundida en amargo retiro, del que no sale sino hasta 1866 para combatir la idea de la abdicación que considera una cobardía indigna. Hace un último intento para salvar el imperio y parte en julio de 1866 a Europa.

[29] Maximiliano y Carlota solicitan varias veces a Napoleón III el reemplazo de Bazaine por el general Douay, mucho más conciliador.

[30] P. Gaulot, *op. cit.*, p. 290.

Debe convencer a Napoleón III y obtener el apoyo del Vaticano.[31] Golpeada fuertemente por la muerte de su padre y de su abuela,[32] Carlota defiende apasionadamente la causa mexicana, aunque en vano.

Entonces se manifiestan los primeros signos de locura: en el camino a Roma y al Vaticano se obsesiona con la idea de que espías de Napoléon III la quieren envenenar o incluso asesinar. El 9 de octubre de 1866 su hermano Felipe la lleva a Miramar.[33] Ahí permanecerá durante varios meses, bajo la vigilancia oscura de su familia austriaca.[34] Del otro lado del océano, en Querétaro, Maximiliano es fusilado el 19 de junio de 1867. El imperio de México se desploma.

Leopoldo II, preocupado por su hermana, la hace traer a Bélgica, después de difíciles negociaciones con la corte de Viena. Carlota llega el 31 de julio de 1867, acompañada de la reina María Enriqueta.[35] Su estado es lamentable. De acuerdo con la condesa de Reinach, "se trata de una locura con intervalos lúcidos, en ocasiones largos y que se manifiestan por medio de

[31] Carlota deseaba celebrar con el papa Pío IX un concordato, ya que en ello veía el fundamento de la pacificación de México.

[32] Los dos fallecidos en 1865, pero Carlota no lo sabe hasta principios de 1866.

[33] Castillo que Maximiliano mandó construir en 1854-1860 en la costa adriática, cerca de Trieste.

[34] "No se han podido resolver todas las preguntas relacionadas con el carácter de real secuestro que provocaron el aislamiento y la angustia de la emperatriz", en A. Duchessne, "Une anné de la vie de l'Impératice Charlotte (1867-1868)", en *Cahiers Historiques*, serie VII, núm. 3, 1972, p. 89.

[35] Hasta el término de su vida, en 1902, se ocupa de Carlota.

fobias, de megalomanía y aberraciones religiosas".[36] En Laeken su estado mejoró notablemente. En seguida se le instala en Tervueren, en donde María Enriqueta procura crearle las condiciones de estadía más favorables para que regrese a la vida normal. Es ahí en donde, el 12 de enero de 1868, el padre Deschamps le informa de la muerte de Maximiliano. Al principio desconsolada y llorosa, Carlota se recupera rápidamente, regresa a los sentimientos religiosos y, finalmente, supera el trauma mejor de lo que se esperaba. El año siguiente, el 22 de enero, el hijo de Leopoldo II muere después de una larga enfermedad que Carlota vivió muy de cerca. Durante este periodo, le emperatriz de México parece cuerda.[37]

Hasta entonces, el entorno espera una recuperación. Sin embargo, en febrero de 1869, de regreso a Laeken, su estado parece deteriorarse irremediablemente. El 1 de mayo de 1869 regresa a Tervueren. Ahí permanecerá diez años. En 1878, un incendio consume el castillo. La transfieren al castillo de Bouchout donde permanecerá hasta su muerte. Vive rodeada de algunas damas de compañía, sirvientes y médicos. Sus días están repartidos entre la caminata por el parque, las visitas familiares semanales,[38] la lectura y pequeños trabajos de

[36] H. de Reinach-Foussemagne, *op. cit.*, p. 304.

[37] Esto con base en el testimonio de una de sus damas de honor, Clotilde de Bassompierre, cuya correspondencia fue publicada. A. Duchessne, *op. cit.*, pp. 85-120.

[38] La reina María Enriqueta, hasta su muerte, después el rey Alberto y la reina Elizabeth, hasta 1927.

bordado. Vida monótona y regular. Lentamente, Carlota se distancia del mundo. Algunas frases pronunciadas entre dos silencios muestran que sabe que tiene un "sobrino y que ¡parece que es rey!". Sin embargo, hasta el fin de su vida, son otra vez y siempre México y Maximiliano los que la obsesionan: *"Queremos ver al emperador"*, repite. Carlota pasa el período de la Primera Guerra Mundial (1914-1918) sin darse cuenta de ello. A la entrada del castillo, una placa colocada por la autoridad de la ocupación advertía: "Aquí vive una princesa alemana". No será molestada. De 1869 a 1927, la emperatriz se hunde poco a poco pasando de crisis destructoras a períodos de más calma, en un mundo cada vez más inaccesible...

Tales son los principales elementos que permiten comprender la situación en la que se encuentra Carlota en 1869, periodo clave que me propongo analizar ahora.

Laeken

16 de febrero a 22 de marzo de 1869

Con la pluma de Carlota se entra de inmediato en un universo cerrado, inquietante y siniestro en donde reina por doquier el peligro. Ella se siente encerrada en medio de innombrables peligros contra los que debe luchar sin cesar. Se busca enfermarla, envenenarla con los medicamentos, matarla... Persecución. Encierro. Mundo de terror del que Carlota busca escapar. La escapatoria es el tema principal, idea fi ja repetida cientos de veces como un llamado a la vida. Del 16 de febrero al 22 de marzo,[39] elabora una decena de planes detallados, transformados: planea su huida a partir de una visita ya a su dama de compañía, Madame Moreau,[40] ya

[39] El periodo que va del 16 de febrero al 22 de marzo de 1869 comprende nueve cartas dirigidas a Charles Loysel, una a Napoleón III y una a Maximiliano de Austria. La emperatriz se encuentra en el castillo de Laeken, escribe en femenino y firma "Carlota", "Ch" o "C".

[40] Marie Moreau, nacida en Frison, es hija del general Frison y dama de compañía de Carlota de 1868 hasta su muerte, en 1893.

a su hermano Felipe, conde de Flandes, ya con Van der Smissen,[41] o sin él, etc. Poco importan, por cierto, las modalidades en tanto pueda irse. Porque es necesario huir de este mundo en donde todo la ha abandonado, es necesario alejarse de este universo en el que la desesperación y la muerte se confunden, en el que *"se nos encierra todos los días"*, escribe, *"en una red cuya oscuridad estrecha la malla para ocasionar un ataque, una rebelión"*.[42] Esto debe hacerse. La necesidad aparece poco a poco en su carácter dramático. En la partida, los planes serán expresados en un tono frío, calmado y preciso;[43] sin embargo, en pocos días la calma desaparece. La huida se convierte para Carlota en una cuestión de supervivencia. Necesita ayuda. Necesita que alguien la salve. Sola no es capaz de nada. Insoportable impotencia. Vergüenza. La impotencia que siente Carlota está profundamente ligada a su femineidad: el mundo al que suplica, al que aspira, el que busca y reivindica es un mundo exclusivamente masculino y militar: las palabras *honor* y *poder*, *duelo* y

[41] Alfred-Louis-Adolph Van der Smissen (1823-1895), hombre de guerra y escritor militar belga, conocido como "Corazón de oro, brazo de hierro, cabeza de chorlito", tiene un temperamento indomable en la religión del servicio y en el culto de la disciplina. Fue nombrado en 1859 asistente de campo del ministro de Guerra, el general Chazal y ascendido a mayor en 1864. Asume el comando de la legión formada con el fin de constituir una Guardia de Honor para S. M., la emperatriz Carlota. En México continúa activo. De vuelta a Bélgica, en 1867, fue nombrado oficial de ordenanza del rey. El 2 de abril de 1869 obtiene el grado de teniente-coronel. *Cfr. Biographie Nationale*, t. XXII. Bruselas, Gallica, 1920, col. 893-844.

[42] Carlota escribe a Napoleón III, Laeken, 20 marzo de 1869.

[43] Carlota escribe a Loysel, Laeken, 14 de marzo de 1869.

campo de batalla reinan en su lenguaje. Serán más tarde motores de nuevos delirios. Sin embargo, cuando Carlota escribe a Loysel el 22 de marzo, no tiene más que un tímido *"si yo fuera hombre"* apoyado y encuadrado por la ayuda de Dios y de la misión divina que éste le tiene reservada. Un *"si"* que semeja una protección que Carlota levanta contra ella misma. Frágil barrera para esconder una palabra que no osa decir. Censura translúcida que anuncia ya su derrota. Defensa ciega que contiene de hecho la esperanza de existir y la desesperación de no alcanzar la meta. Necesita ayuda y no logra decirlo. Inversión: Carlota expresa primero el generoso deseo que tiene de salvar al mundo. Pide ayuda a Loysel para salvar a Madame Moreau, para ayudar a Napoleón III… no para ella. Juntos los dos pueden, los dos deben: *"podemos lograrlo"*, *"debemos ayudarle, usted y yo"*, escribe ella. He ahí el por qué Loysel deberá comenzar por liberarla. Las palabras se lanzan. Lo esencial se ha dicho por fin. El llamado de ayuda perfora la bruma del silencio, de la desesperanza y de la impotencia:

> *"Es extremadamente urgente que usted haga uso de toda su iniciativa para el asunto que aquí le expongo. Acabo de recibir la carta adjunta de Madame Moreau. Mi hermano (que ha perdido completamente la razón) le ha ordenado que parta a Tournay o bien que no vuelva a pisar la casa. No quiero que sea sacrificada como la hija de Jefté.[44] Ha estado enferma desde hace*

[44] Jefté, juez de Israel, original del país de Galaad (Jue., XI, 1-40) fue vencedor de los amonitas en nombre de Yahvé, y promete sacrificar

más de dos meses, llegaría trabajosamente. El ir a Tournay sería llegar a su lecho de muerte, defiéndala de todo el mundo. Dado que usted y yo somos muy cercanos, podemos lograrlo. El alma y la conciencia de mi hermano desean que le impidamos infringir el mal que sin duda infringiría. El duelo que libro con él desde hace tres años, con hambre, sed, indignación, desgracia y privaciones, está pronto a terminar sin derramamiento de sangre. Se debe salvaguardar la vida de todos y la suya también. No la dé por nadie y no haga más confidencias a quien sea aquí. Ha tenido ya actitudes nobles. Conozco a mi hermano; su conducta anterior no merece que haga más. A mi hermano le hará bien todo lo que haré, es su salvación y la suya lo que deseo. No se desinterese del propósito. Sé a dónde voy y, si hay peligros que me acechen, los venceré con la ayuda de Dios. Debo decirle francamente que si he de vivir de este modo, en cautiverio, en medio de peligros sanitarios, de absurdos de todo tipo y de malignidades desencadenadas, preferiría, si fuera hombre, combatir en un campo de batalla que soportar a puerta cerrada estos tormentos. No deseo otro futuro que aquel que Dios me tenga reservado, para el que una francesa me trajo al mundo. Espero que

---

a su regreso a la primera persona que salga de su casa y se presente frente a él. Ésta fue su única hija. Ella acepta sin dudar. Pide solamente que se le permita ir a las montañas para llorar su virginidad, ya que entre los hebreos es una desgracia el no poder dejar descendencia. *Cfr. Dictionnaire de la Bible*, t. III. París, Gallica, 1910, col. 1250-1255.

su gracia me ponga a la altura de todas las situaciones y que las pueda encarar. El emperador Napoleón ha estado indispuesto estos días, debemos ayudarle, usted y yo. No fue en vano que usted haya preparado la redención temporal del mundo en Querétaro al impedir la muerte en este nuevo Calvario.[45] Sin embargo, debe terminar este segundo acto, complemento del primero; en esta ocasión no hay balas que disparar pero me debe liberar. Madame Moreau es el nudo de esta empresa, ella debe permanecer en Bruselas. Hágalo así, cuento con usted. Créame, no hable con nadie de nada, permanezca tranquilo, no se irrite, no hable con el señor Van der Smissen. Cuando vaya a París, no recibiré a nadie más que a usted. Permanezca tranquilo en Bruselas, dispuesto a sacrificarse pero motivado por la fe en mí y en el futuro y dispuesto a apoyarme. Le renuevo mis sentimientos de confianza y aprecio. Sobre todo, conserve los labios cerrados como el mismo Dios del Silencio, excepto en las acciones en las que le he pedido intervenir. Incluso el señor Van der Smissen, con toda su valentía, enredaría todo; no sabe usted en qué terreno horrible deben moverse estas pobres personas. No juzgue por analogía a su gran país.

Que Dios lo guarde.
Ch.[46]

---

[45] Según Carlota, Loysel salvó a Maximiliano de la muerte en Querétaro, por lo que el emperador está vivo todavía. *Cfr. infra.*, p. 33.
[46] Carlota escribe a Loysel, Laeken, 22 de marzo de 1869.

Esta voluntad exacerbada de huir para vivir se ve interrumpida por violentas depresiones. A fuerza de dar órdenes y esperar en vano, pronto la voluntad colapsa y la muerte triunfa. Carlota se ve al borde del suicidio, sueña con morir en un campo de batalla, desea escapar por ese medio del infierno que sufre aquí... Es en este mórbido estado que escribe a Charles Loysel el 18 de marzo:

> *"Le hago un nuevo llamado. Todo el mundo se consagra al suicidio. La humanidad no se salvará por ese medio, tiene la vida de un Dios como garantía de futuro. No debería ser un hecho que las obligaciones nacionales reúnan a los hombres más nobles y más necesarios. Es tiempo de poner fin a este orden de cosas. Me uno, además, a la voluntad general y estoy en la mejor disposición de suicidarme también de la única manera que considero aceptable: la inanición. Espero que este sacrificio que, si no es aceptado es por lo menos ofrecido, cierre las heridas del mundo. (...) Lo repito, si todo el mundo está en la vía del sacrificio yo no me quedaré atrás pero piensen que si cada uno se sacrifica noblemente ante su vecino y nadie se ayuda, todo el género humano se extinguirá"*[47]

Morir. Ofrecerse en sacrificio... En el fondo de la idea de suicidio yace siempre el deseo de estar a la altura de las circunstancias. La idea del honor, del deber,

[47] *Ibid.*, 18 de marzo de 1869.

del sacrificio por los otros, principios antiguos como la infancia que nunca mueren y que Carlota alberga. Principios que despiertan en ella el deseo de huir, el deseo de vivir. La esperanza renace guiada por Dios. Se establecen nuevos planes, aún más desquiciados. Espiral sin fin. Espiral infernal.

*

En el seno de este universo delirante aparecen tres personajes clave. En primer lugar y antes que nadie, Napoleón III, su último recurso, Napoleón III el que todo lo puede porque es el que la puede liberar de este mundo mórbido, Napoleón III el benévolo, porque envió un emisario, Loysel. Personaje supremo, Napoleón es al que Carlota ruega, como lo había hecho ya en otras ocasiones durante la expedición mexicana de 1864 a 1867. Ella hace *"un llamado a su corazón, a su poder, a la fuerza de su brazo que debe liberarla cuando el universo la abandona. Su Majestad es el jefe de la humanidad; en ella no está solamente Francia sino el mundo que espera su salvación. Francia y el mundo no tienen, en definitiva, más que un mismo futuro"*.[48] Históricamente es verdad que la existencia del imperio mexicano dependió enteramente del ejército francés y, por tanto, de las decisiones de Napoleón III. Carlota no lo ignora. Ella sabe perfectamente, por una parte, que a él debe su trono mexicano y, por otra, que el emperador de los franceses es

[48] Carlota escribe a Napoleón III, Laeken, 20 de marzo de 1869.

la causa de todas sus desgracias. Ahora, en sus delirios, se encuentra este lazo de dependencia total, así como un lazo afectivo importante que es la inversión pura y simple de la realidad. Odio y amor se confunden, uno se convierte en el otro.

Detrás de la imagen de Napoleón III aparece Charles Loysel, oficial francés, antiguo amigo de México, comisionado por el emperador para acompañarla a París. Al inicio, el personaje de Loysel no está definido más que en relación a Napoleón y a las órdenes que éste le da. Es, entonces —si se puede decir— el ejecutante de Napoleón. Es él quien salva a Maximiliano de la muerte como la salvará a ella del encierro. Carlota espera de Loysel no sólo una liberación sino una confianza absoluta. *"Tenga fe en mí"*, le exige fríamente. *"Tenga fe en mí"*, repite como una plegaria. Detrás de la orden hay una súplica muda. Detrás de la dureza, las lágrimas. Detrás de Loysel, alguien más.

En fin, el tercer personaje no es otro que Maximiliano, su esposo bienamado que está indiscutiblemente vivo[49] ya que Loysel lo salvó. Ella le escribe el 3 de marzo a Londres:

"Mi bienamado:

Una vez que te he recuperado milagrosamente, la Providencia te llevará estas líneas para asegurarte de mi apego tierno y constante. Mi pensamiento y mi

[49] Fusilado en Querétaro el 19 de junio de 1867.

corazón no han dejado de pertenecerte y completa-
rás mi felicidad cuando reciba de ti unas líneas que
me probarán que, unidos siempre por el mismo afecto,
hemos recuperado la posibilidad material de demos-
trárnoslo y de gozar de nuevo de su crecimiento. Te
envío el pequeño medallón que representa mi mirada
de niña; puedes usarlo con placer y pensando en mí.
Es el reflejo de la mirada del alma que no se separa
nunca de ti.

Que Dios nos bendiga a los dos, que me haga llegar
noticias tuyas y cree en mí siempre.

Con tierno afecto,
Carlota.[50]

Del 16 de febrero al 22 de marzo de 1869, el universo
mental de Carlota se hace cada vez más opresivo. La
persecución, el deseo de huir, el escenario está puesto.
Tres personajes están en escena… Esta no es más que
la introducción.

---

[50] Carlota escribe a Maximiliano, Laeken, 3 de marzo de 1869. Esta
carta está dirigida al señor M- t'Kint de Roodenbeke, en la embajada de
Bélgica en Londres.

El castillo de Laeken ha sido la residencia oficial de la familia real belga desde la ascención de Leopoldo I. Fue construido entre 1782 y 1784 por Charles de Wailly y restaurado por Charles Girault. Cerca del castillo se encuentra el cementerio donde, junto a su padre, su madre y sus hermanos, descansan los restos de Carlota.

Laeken

24 de marzo al 17 de abril de 1869

En la pintura imaginaria de Carlota, los tres personajes principales —Maximiliano, Napoleón III y Loysel— se transforman a veces con grandes pinceladas y a veces con toques imperceptibles.

Maximiliano cambia poco. Se conserva como el esposo bienamado ausente momentáneamente, el único lazo verdadero que une todavía a Carlota con la vida.[51] Ella lo compara con Isaac o con Cristo *"sacrificado en Querétaro"*.[52] Expresión puramente literaria al inicio, pero muy importante. En efecto, el universo mental de Carlota está hecho de palabras. La identidad profunda de los personajes, las ideas fijas, los desvíos, surgen a partir del lenguaje, ya sea una expresión idiomática, un simple adjetivo o una comparación literaria. Las

---

[51] Carlota escribe a Napoleón III, Laeken, 24 de marzo de 1869.
[52] Carlota escribe a Loysel, Laeken, 24 de marzo en 1869.

metáforas se entienden siempre al pie de la letra. Así, después de haberlo comparado, el emperador se convierte realmente en Cristo en el mundo delirante de Carlota.

En cuanto a Napoleón III, éste adquiere su cara definitiva: la del Padre Todopoderoso. De hecho, no es tanto Napoleón el que cambia. Es todopoderoso y todopoderoso permanece, dueño del mundo *"cacique de soberanos y protector nato de los pueblos"*,[53] puede influir en el curso de la historia,[54] lo que le devuelve a su esposo. Es más que nada el lugar de Carlota en relación a Napoleón III el que cambia de manera impresionante. El 24 de marzo, ella se propone ser *"el vínculo entre Napoleón y sus hijos"*:

"Señor:

Le comunico a vuestra majestad directamente un pensamiento que acaricio en este momento en mi mente, como el mejor de todos. Le he expresado ya en mis dos cartas anteriores mi deseo ardiente, incluso impaciente, de salir de este país para estar cerca de vuestra majestad ya que no cuento más con mi padre. Sin poder tener de vuelta a mi bienamado esposo, éste es el único lazo verdadero que me une a la vida, la única posición natural para mí, la única que ambiciono con toda la fuerza de mi alma: ser útil a vuestra majes-

53 Carlota escribe a Napoleón III, Laeken, 5 de abril de 1869.
54 Puede, por ejemplo, salvar a España de la anarquía.

tad, a la emperatriz, a Francia, de la que conservo, por así decirlo ahora, el deseo de pertenecerle más estrechamente de lo que jamás le he pertenecido, aun cuando he dependido de ella en ideas y educación. Tal es el fin más preciado a mi corazón, hacia el que se extienden mis sentimientos, mi voluntad, todas mis acciones. Nieta de un rey de los franceses que fue lazo de unión entre el trono de su majestad y el de su augusto tío, yo podría serlo también entre su majestad y los príncipes, sus hijos (…) Es por eso que deseo pedirle a vuestra majestad, sólo usted puede juzgar <u>la época</u>,[55] y lo siguiente: que su majestad se sirva ordenar al señor Loysel quien, según sé, está todavía en Bruselas bajo el nombre de M.E. Maréchal, que se reúna con ella,[56] con el fin de que mi hermano Felipe venga a buscarme a Laeken en su coche. Pienso que el señor Loysel, quien después de haberme enviado su tarjeta estará en el salón de mi hermana de Flandes, y que vuestra majestad ordenará (por ello le estaré plenamente agradecida) que yo sea transportada inmediatamente a París y que me conduzcan hasta vuestra majestad. Desde que mi hermano venga a recogerme en su coche, sabré que vuestra majestad ha dado todas las órdenes y ese es el día que ha juzgado conveniente. En ese salón de mi cuñada de Flandes, en la muralla, hay una pequeña escalera escondida. Vuestra majestad ordenará al señor Loysel que me conduzca por ella,

[55] Es Carlota la que subraya.
[56] La condesa de Flandes, María de Hohenzollern.

*que ordene un tren y que se haga cargo, él únicamente
y sin abandonarme un instante, de conducirme hasta
vuestra majestad. Entonces, señor, estaré al final de
todos mis males y tendré el consuelo de hacer todo lo
que a vuestra majestad agrade, estaré con un nuevo
y verdadero padre que me devolverá más tarde a mi
esposo, como mi padre me entregó a él alguna vez.
Soy, con una confianza y apego sin límites a vuestra
majestad, la buena y devota hermana.*

Carlota[57]

Dos días más tarde se considera *"ya tan relacionada a
la familia de vuestra majestad, que me permito escribirle
más seguido."*[58] De devota hermana e hija del emperador, se convierte en heredera adoptiva; reniega de sus
familias belga y austriaca. Napoleón III y Eugenia son
de aquí en adelante sus verdaderos padres, los que ella
ha escogido libremente.[59] No desea más que una cosa:
encontrarles en París, como escribe el 8 de abril: *"El
momento se acerca, señor, en el que me encuentre entre
los brazos de mis verdaderos padres, de vuestra majestad
y de la emperatriz Eugenia."*[60]

Loysel, aparece como un personaje en plena muta-
ción. Del 24 de marzo al 17 de abril de 1869, cuarenta

[57] Carlota escribe a Napoleón III, Laeken, 24 de marzo de 1869.
[58] *Ibid.*, 26 de marzo de 1869.
[59] Carlota escribe a Loysel, Laeken, 12 de abril de 1869: "El emperador que yo he escogido como guía [...] Napoleón, a quien he escogido
como padre".
[60] Carlota escribe a Napoleón III, Laeken, 8 de abril de 1869.

y cinco cartas son dirigidas a él, contra ocho dirigidas a Napoleón III. Al inicio no es más que el enviado de Napoleón, quien ha venido a Bruselas para liberarla.[61] Él tiene toda su confianza, nutrida por los años transcurridos en México ya que, dice ella, es con quien gobernaba cuando el emperador Maximiliano *"se ausentaba"*[62] y es también quien salva a Maximiliano en Querétaro.[63] Carlota comienza a considerarlo como su propio hermano, como el representante del emperador, como el emperador mismo…

"No escribí el día de ayer para dejarle reposar un poco, escribe a Loysel el 8 de abril, y ahora sé por las vías misteriosas por las que se anuncian las cosas que, en el instante mismo en el que escribo, Pierron,[64] Détroyat[65]

[61] Loysel está en Bruselas, al igual que ocho oficiales franceses, quienes no son nombrados personalmente, pero todos tienen la misma dirección que Loysel.

[62] Carlota escribe a Napoleón III, Laeken, 5 de abril de 1869.

[63] Carlota escribe a Loysel, Laeken, 26 de marzo de 1869 y 29 de abril de 1869.

[64] Pierron Édouard, general de división francés (1835-1905), fue capitán del segundo destacamento Zuavo en México, jefe del gabinete militar, después secretario del emperador Maximiliano y director de la Imprenta Imperial. Permanece en México de febrero de 1862 a abril de 1867.

[65] Léonce Détroyat (1829-1898). General francés que fue teniente de navío en 1860. Fue a servir en México al Estado Mayor del general Berthler, después de Douay y finalmente de Bazaine. Muy apreciado por sus superiores y reconocido por Maximiliano, quien lo tomó como secretario de Estado en la Marina y consejero para cuestiones militares. En 1886 apoyó al emperador en la idea de abdicación. Acompañó a Carlota en Europa y aprovechó sus entrevistas con personas con poder para denunciar los métodos singulares de Bazaine. No fue escuchado y se

y el señor Rodríguez[66] están con usted; le veo ya aparecer como rayo de sol en el salón de mi hermana en Flandes, veo a los otros tres subir con nosotros al tren y que usted me sigue al vagón, le he dicho al emperador Napoleón que desde el instante en el que le vea para descender con usted la escalera escondida, en el tren y hasta París, lo consideraré siempre como mi hermano. Así que no tenga escrúpulos; estuve sola en un vagón con mi hermano Felipe cuando regresé de Roma. Usted será para mí lo que él fue ese día 9 de octubre de 1866; usted será mejor a mis ojos, cada una de sus acciones será dictada por el emperador y es como tal que yo le seguiré, me confiaré enteramente a su afecto; si digo esta palabra es porque usted es su hermano y su amigo. Bajo su protección ha puesto lo más querido en este mundo, yo y su futuro, el de usted, el de Francia, el de la humanidad entera. Cuando usted esté ante mí el emperador también estará, aquel a quien mi vida pertenece, de modo que no sienta pena ni vergüenza ni timidez alguna y actúe como si fuera él en realidad, como si él lo hubiera hecho responsable, haga lo que él mismo haría. Ayer él habló a mi alma y pronunció las palabras de la pasión: "Mujer, ahí tienes a tu hijo". Le dijo a usted: "Hijo, ahí tienes a tu madre." Estas palabras son para mí como si las hubiera escrito, se

sospechó de sus intenciones, por lo que juzga prudente salir del ejercicio por enfermedad en 1867. Cfr. *Dictionnaire de Biographie Française*, t. XI. París, Gallica, 1967, col. 156-157.

[66] Rodríguez J., coronel mexicano. Fue hombre de confianza de Maximiliano y chambelán de Carlota.

las repito como si vinieran de él a su discípulo amado, porque usted lo es. Añade el Evangelio que, desde ese día, San Juan recibió a la Santa Virgen y se hizo cargo. Sobre todo, ni una palabra a nadie que no sea el emperador Napoleón y a los tres ayudantes de refuerzo antes citados que Dios acaba de enviar. No puedo imaginarme otra cosa que no sea que el día bienaventurado de mi liberación se aproxima. Lo que le describo es lo que soñé el 23 de marzo, día del nacimiento de mi segunda madre que me educó, a quien usted conoce, Madame de Bovée.[67] Usted es hijo de una madre cristiana, ruegue a Dios usted mismo, como yo no ceso de hacerlo por usted desde el mes de diciembre,[68] cuando supe que usted vendría, para que lo inspire en todo lo que debe hacer y le otorgue las gracias necesarias para la realización de lo anterior.

C."[69]

La importancia de Loysel en el universo de Carlota se precisa. Adquiere un rostro único e independiente. Su existencia no está ya ligada a la misión que Napoleón

[67] Marie Auguste Bovée de Michaut (1798-1873) fue dama de honor de Carlota. Reemplazó a la Condesa de Hulst como institutriz, cuando ésta regresa a Francia por razones familiares y de salud. Tiene para Carlota una verdadera adoración, hasta el final de su vida.

[68] Carlota, en varias ocasiones, hace referencia a una revelación que tuvo el 10 de diciembre de 1868, en la que Loysel llegó a Bruselas para ayudarla a huir a París. Ignoro lo que pudo haber desencadenado esta revelación.

[69] Carlota escribe a Loysel, Laeken, 8 de abril de 1869, núm. 2.

le ha confiado porque el emperador de los franceses no puede enviar a nadie más: solo Loysel la puede liberar y llevarla a París.

"El emperador Napoleón instruyó que le viera a usted como al emperador mismo. Note que en el mundo entero estas palabras no se aplican más que a usted y no las interprete como si pudieran aplicarse también a otros. Es solamente a usted a quien las dirijo."[70]

Carlota asocia con Loysel todos sus deseos y proyectos. Como ella, él será el hijo adoptivo de Napoleón; como ella, él estará a su servicio; como ella, él salvará a Francia y a la humanidad.[71] Por tanto, se revela como un personaje particularmente importante pero cuyas características no están definidas. En el siguiente período esta asociación degenerará en identificación.

*

Estos grandes personajes aparecen en un universo global, un estado mental —se puede decir— dominado por ideas fijas. Estas evolucionan, se repiten hasta la exasperación se desvían y engendran nuevas.

Así, el sentimiento de encierro y de persecución, como los planes de huida, se presentan siempre pero pierden intensidad. Carlota quiere *"salir de esta jaula"*

---

[70] *Ibid.*, 8 de abril de 1869, núm. 1.
[71] *Ibid.*, 12 de abril de 1869.

en la que reina la maldad universal. Debe luchar contra los peligros que se renuevan sin cesar. *"Los médicos, escribe el 25 de marzo, sirven ya sea con actos de violencia sobre los objetos que toman a la fuerza, ya sea con las llaves que toman entre los dedos cerrados de la mano"*.[72] Se busca cobardemente envenenarla, humillarla, violentarla. Este tema atraviesa toda la correspondencia de Carlota.[73] Ya en septiembre de 1866, en Roma, se instaló la idea fija de que, por orden de Napoleón III —que acababa de negarle su ayuda— se le trataba de envenenar. Este fue el primer signo manifiesto de la locura de Carlota. Es también posible, aunque no se ha probado, que los soberanos mexicanos hubieran sido objeto de uno o varios intentos de envenenamiento. De cualquier forma, tres años después de la aparición de su enfermedad, el envenenamiento permanece como una de las grandes obsesiones de la emperatriz. Escribe el 14 de abril:

> *"Debo hacerle saber que si, el día que venga por mí, me dan café con leche saturado de morfina, como el que tomé esta mañana, que éste me hinche las entrañas, me haga palidecer, me oscurezca los ojos, me blanquee la lengua y que yo no quiera más que se añadan estos síntomas a la intensidad del miedo. Me parece que con los francos que solicito constantemente y los que deseo tener, hay con qué saldar las cuentas de la*

[72] *Ibid.*, 25 de marzo de 1869.
[73] *Cfr. infra.*, pp. 81-84. *Ibid.*, 16 de abril de 1869, núm. 3.

Laeken

farmacia y otras. No creo merecer que se me juzgue tan bajo como para deteriorarme las entrañas, ésta que es la más cobarde infamia que se puede cometer. Porque sabe usted lo que como, tomo esta taza y nada más hasta las seis horas de la tarde. Si me ponen ante la mirada todos los platos con los venenos más violentos, los reviso todos, los conozco lo suficiente para no equivocarme, los huelo y los rechazo, es mi derecho, pero me deben mantener la vida del cuerpo con otra cosa además de la morfina. Sé por qué me la dan, es lo que me enoja. No produce dolor sino que adormece la fuerza de voluntad; es eso lo que me ofende".[74]

En su opinión la maldad de Bélgica y de su familia hace su vida insoportable. De hecho, el sentimiento de persecución que vive Carlota lo invade todo y transforma lo real en pesadilla. Incluso la atención de la reina María Enriqueta, quien llevó a su cuñada de Miramar a Laeken el 31 de julio de 1867, se convierte en una *"traición"*.[75] La devoción y el afecto de su entorno no sirven de nada: Carlota no ve en ellos más que humillaciones y maldad; pide ayuda inútilmente, ahora y siempre. Es en vano: Su pesadilla persiste con más fuerza que la realidad.

[74] *Ibid.*, 14 de abril de 1869.
[75] Si bien no se ha aclarado todavía el secuestro que Carlota sufre en Miramar durante diez meses (de octubre de 1866, a julio de 1867), por su familia austriaca, es cierto que María Enriqueta encuentra a Carlota en un estado impresionante de angustia y deterioro, tanto mental como físico. De regreso a Laeken, se presenta una mejora importante que renovará la esperanza de una recuperación.

"Deseo ser crucificada con gusto, por ustedes, si es necesario y también por los franceses, pero no por (…) Bélgica, en donde no recibí, después de ser conducida ahí traidoramente, más que villanías, ignominias, dolores, humillaciones. Debo decir abiertamente que debo ser vista como Cristo, como Rey de los Judíos, de los flamencos o de los belgas, como se les quiera llamar. No escucho más aquí que a los flamencos y la muerte en una cruz, en la horca, fusilada, como quieran, preferiría este último (…) Que este juego de calvario que practican conmigo acabe."[76]

Continúa al día siguiente:

"Vengan todos, si así lo quieren, alrededor del parque y abran una brecha con pólvora en el muro, arrasen conmigo, mátenme si así lo quieren, todo lo que me hagan me producirá placer. Si no me quieren retirar de este antro de infamia y dolor, denme un disparo en el pecho, éste será el último acto de amor que reclamaré de la Francia que amo tan "entrañablemente", como se dice en español. Sin embargo, para acceder a este Jardín de Olivos en el que vierto sudor de sangre, hace falta un Judas, esta vez no de maldición sino de todas las bendiciones que invoco desde ahora a él si los ayuda y los deja entrar. El Judas ha sido encontrado, es el Mayor Vandervelde, comandante de este castillo; él me entregará a ustedes. Entonces

[76] Carlota escribe a Loysel, 11 de abril de 1869.

Laeken

*los esperaré, los esperaré con perseverancia, con
confianza, con esperanza de que Dios, el emperador
Napoleón y el emperador los inspiren.*

Carlota"[77]

Exasperada por el silencio de Loysel, Carlota llama a
otras personas que conoció en México, como el General
Brincourt,[78] el General Détroyat,[79] Van der Smissen.[80]
Todos los medios son buenos, en tanto ella abandone
este infierno. Todos los medios son buenos, todos los
medios son vanos... Ahora en terreno nuevo, en el
espacio de un instante, esta mezcla de impaciencia, de
cólera y de desesperación:

*"Usted acaba de revelarme algo en el alma, porque
sólo usted pudo habérmelo dicho, debo decirlo con
palabras porque usted me lo ha pedido y porque le
he prometido obediencia. Me propone que le pida
que venga para que atraviese conmigo ante el cuerpo de
guardia que abrirá fuego contra nosotros. Acepto esta*

[77]   *Ibid.*, 12 de abril de 1869.
[78]   Auguste-Henri Brincourt (1823-1909). General francés herido en
1859 en Solferino. Se convierte en comandante de la Legión de Honor
y en 1862 forma parte del cuerpo expedicionario de México en donde,
citado dos veces, es nombrado general de brigada en 1865. En 1865
fue nombrado gran oficial, y al año siguiente, en 1866, comandante de
la Primera Brigada de Infantería y de la Guardia Imperiales. En 1870
participa en las batallas en Metz y lo hacen prisionero. En 1883 pasa
tempranamente al Escuadrón de Reserva. *Cfr. Dictionnaire de Biographie
Francaise*, t. VII. París, Gallica, 1956, col. 324.
[79]   El 14 de abril de 1869.
[80]   El 20 de mayo de 1869.

idea y creo que usted cumplirá su deber y yo el mío, que esto es completamente indispensable por una razón importante, que yo no sé cómo atravesar por el fuego y usted sí y porque usted lo debe hacer por su mujer y yo por el emperador. No podría estar más agradecida de recibir esta oferta que me hace y que acaba con todo; lo estoy porque tendremos este fusilamiento y para mí con este bautismo de honor a auspicio suyo, es de hecho el Jordán el que he visto, pero si hubiera podido imaginarme que usted bautiza tan bien me hubiera regocijado aún más. Mis más anhelados sueños no me hubieran hecho esperar un desenlace más maravilloso que éste (…) Escríbame enseguida. Que reciba la carta en la mañana de mañana día 14, a buena hora; dígame, por ejemplo, que vendrá a las dos a mi casa hasta mi habitación. Ahí me encontrará con el sombrero puesto y partiré al instante, pero asegúrese que reciba esa carta; le he esperado unas quince veces, me he vestido para salir y usted no ha llegado; es necesario que en esta ocasión me anticipe con la escritura usual que conozco. (…) Le prevengo que, si usted no escribe, creeré que permanece en Bruselas y continuaré presionándolo de la misma manera mientras el mundo exista. Así que tome una decisión de brabante y no la cambie. Me parece que soy yo sola la que las toma desde hace un mes y que valen todas las provincias de Francia y que si usted es San Juan, el que arregla todas las cosas, yo tengo una fe que transporta montañas y debe recompensarme por ello.[81]

---

[81] Carlota escribe a Loysel, Laeken, 13 de abril de 1869, núm. 2.

Pero este tema se convertirá en otro. La idea de huida engendra la de una misión. La llamada de auxilio de Carlota apenas sale de la pluma y ya es negada, disfrazada de misión. De nuevo ser salvada se transforma en salvar a otros. Es de hecho siempre la misma palabra que no osa decir, la misma impotencia muda, el mismo deseo inconfesable. Ahora el cumplir esta misión se convierte rápidamente en elemento primordial, objeto de todos sus pensamientos. Si Carlota desea huir a París no es por ella misma, sino para servir a Napoleón III. Esta misión es ante todo militar: para cumplirla se la debe vestir con uniforme francés. Carlota siente una profunda vocación militar y desea convertirse en oficial francés; promete ser una aprendiz dedicada y suplica a Loysel que le enseñe el arte de la guerra. Ella aprenderá obediencia *"para merecer dirigirlos a todos"*.[82] En espera de entrar en acción, se dice lista para obedecer ciegamente a sus jefes:

"Lo que deseo que tenga en mente, y también el General Douay[83] *quien es el jefe aquí, es que yo me*

[82] *Ibid.*, 12 de abril de 1869.
[83] Félix Douay (1816-1879). General francés, voluntario en 1832. Pasó por todos los grados menores hasta convertirse en teniente en 1840. Fue nombrado general en 1859 y en 1862 enviado a México en donde se obtuvo el grado de general de división, en diciembre de 1864, luego de las campañas del sur, contra el general Ortega, en las que mostró habilidad y eficacia en el combate. Es, antes del mariscal Bazaine, el primer personaje del ejército francés en México. Carlota desea el reemplazo de Bazaine por Douay, pero nunca gana la causa. Douay regresa a Francia en marzo de 1867 y en 1870 es tomado prisionero en Sedan. A su regreso del cautiverio toma parte en la represión de la Comuna de París. *Cfr. Dictionnaire de Biographie Francaise*, t. XI. París, Gallica, col. 639-640.

comprometí voluntariamente como él; que él me envíe una mochila y la cargaré, que él me dé cualquier orden y la acataré, que me someta a tales o cuales pruebas, las más grandes que desee y me someteré. Lo único que he escuchado decir es que a los soldados se les envía a la bandera y yo quiero ser enviada."[84]

Su amor por el ejército es total. Carlota se ofrece entera.[85] En síntesis, se desposa con el ejército y con sus valores:

"No importa dónde aparezcan, no importa cómo, todos los días, a todas horas, en todos los lugares, me encontrará con la luz encendida, lista a celebrar mis nupcias con su ejército, a obedecerle en usted como a un esposo; a entrar con usted a la sala de fiestas, es decir a la vocación militar."[86]

El ejército, mundo masculino por excelencia, símbolo de poder, de honor y valentía. ¡El ejército! La clave del problema, la clave de la pesadilla mexicana. Carlota no pudo impedir el colapso del imperio… porque era mujer: *"Si hubiera sido hombre en 1864, Querétaro hubiera sido evitado."* La impotencia que Carlota siente es insoportable. Resultado: por un lado, la derrota de México y la muerte de Maximiliano son negadas desesperadamente, y por otro, la identidad sexual de Carlota

---

[84] Carlota escribe a Loysel, Laeken, 14 de abril de 1869.
[85] *Ibid.*, 8 de abril de 1869, núm. 1.
[86] *Ibid.*, 12 de abril de 1869.

vacila cada vez más. Hasta la mitad de abril continúa escribiendo en femenino pero, lentamente, el *"si fuera hombre"* se transforma en *"yo puedo ser un hombre"*, *"quiero ser oficial"*. Su misión es claramente a la cabeza del ejército. El mundo se aproxima al abismo. Francia y Napoleón III necesitan de ella; si permanece en el encierro es el futuro del género humano el que corre peligro. Porque ella sola puede salvar todavía al mundo y asegurar la soberanía universal de Francia. Es por eso que elabora planes interminables de batalla, hasta el mínimo detalle, en Waterloo, en Texas y sobre todo en México...[87] Ella misma está lista a fin de conquistar Bélgica para Napoleón III y se encarga de buscar otros tronos más dignos para sus hermanos.[88] Escribe, por ejemplo, el 26 de marzo a Loysel:

"Acabo de escribir a (***), comprenderá que es el emperador Napoleón III. Espero que le dé órdenes para el lunes de Pascua. Me parece que no las podremos esperar antes. Si lo hace como le he pedido y como le he confiado a usted en otra ocasión, será lo mejor posible. Si lo hace más tarde estará bien también, pero me parece que no hay mucho tiempo qué perder. Debemos estar en Texas a fines de abril y ganar ahí una batalla en donde se perdió la otra, en San Jacinto, el 22; creo que moralmente esta victoria está ganada desde la batalla campal librada aquí el pasado 15. Existe una

[87] *Ibid*., 26 y 31 de marzo de 1869; 2 y 6 de abril de 1869, etcétera.
[88] Carlota escribe a Napoleón III, Laeken, 3 de abril de 1869.

segunda que se debe ganar el 18 de junio en Waterloo, la creo ganada desde el 18 de marzo. Lo está de tal manera que Prusia moviliza su ejército el primero. En tanto, es la anexión de los estados del sur, de las siete riveras del Golfo, en el México de Juárez,[89] que hará a Francia victoriosa de nuevo en Europa y echaremos abajo, espero, al león elevado por Holanda y por un mundo enemigo en Waterloo, como Napoleón echó abajo la colonia de Forbach, después de Iéna. Viajé hace dos años por el campo de batalla de Waterloo, su inmensidad asombra. Es mejor que los campos sembrados de moras en Lombardía, tan poco favorables para que los hombres se muevan a caballo. Está también la meseta de Assche que es muy hermosa y domina la ruta a Bruselas. Mis reflexiones sobre el futuro me han llevado a considerar estas cosas con interés. Cuando vivía en Austria, pasé cerca de Austerlitz; es increíble cómo la ubicación otorga el éxito. Por devoción, debo regresar a lo último que mencionaba. Debo comenzar a plantear suposiciones morales, es el punto de partida de todos los hechos visibles a continuación. En vista de

[89] Benito Juárez, presidente del Estado mexicano, de raza indígena, que muere en 1872. Después de la caída de Comonfort, derrocado por los conservadores, se proclama presidente constitucional en Veracruz en febrero de 1858. Victorioso contra Miramón y Zuloaga entra a México en donde es reconocido como presidente de la República en junio de 1861. Decreta el matrimonio civil, confisca los bienes del clero, expulsa a los agentes extranjeros. Su negativa a pagar indemnizaciones a las fuerzas extranjeras provoca la intervención francesa en 1862 y el establecimiento del imperio de Maximiliano, de 1864 a 1867, después del cual Juárez retoma el poder, que conservará hasta su muerte.

que no se puede evitar el obstáculo, se debe sortear. El emperador Napoleón y Francia tienen conocimiento de lo que le menciono, porque llegarán próximamente y yo he consentido con mucho gusto. Tienen conocimiento por dos razones: el porvenir del mundo no se puede cumplir sin mí, primero, y el emperador, mi esposo, en seguida. Él no puede, si nosotros no somos los herederos adoptivos de Napoleón III. Si hubiera sido hombre en 1864, aquello se haría en seguida y nos hubiéramos ahorrado Querétaro. Aquello no pudo ser por causa de otras naciones. La conservación del emperador Napoleón no puede asegurarse más que colocando a alguien entre su hijo y él, para que su hijo no reine en su lugar. Aquí se presenta un hecho análogo, mi hermano perdió a su hijo, aquello mató evidentemente a Bélgica. Si su hijo no estuviera muerto, él mismo lo estaría. En Francia es lo contrario. Al colocarme entre él y su hijo, el emperador salvaguarda su persona y la del príncipe imperial, necesario para Francia en tanto nuestro emperador desaparecido[90] no reaparezca en la escena mundial. Por lo demás, su persona no está lejos, porque está en Londres, pero es justamente aquello que no vale en tanto yo esté aquí. Cuando esté en Francia, será diferente. Dicho esto, consideremos lo que el mundo actual quiere: el mundo, todo, quiere lo peor para Francia y que se dirija al emperador Napoleón. Por tanto, quiere que cuando él conceda que entre en la órbita de éste último, no sea su heredera, sino su esposa, para hacerle perder la que tiene,

[90] Es decir, Maximiliano.

para neutralizarlo como su tío, cuando debió tomar a María Luisa y perderla por este medio y abortar así el destino de la humanidad. El mundo que crucificó al hombre-dios un día como este, en 1869 (sic) es mal juez de su propia causa. Sin embargo, como no puede ser violentado en tanto que los grandes motores que Francia tiene en mano, el sable y la mente, no sirvan a los verdaderos intereses al modificarlo, lo que no será tan difícil porque en el fondo eso es lo que desea; sería necesario hacer una transacción entre sus aspiraciones y las que Francia tiene sobre mí; sería necesario que usted pareciera transportar una futura emperatriz de los franceses; más allá de la frontera este peligro ya no existirá. Moralmente he llegado a la conclusión que no se me dejará ir jamás si, hasta los límites de Francia, las acciones de todo el mundo y de ustedes son tan extrañas que enunciarlas no parece posible aún. Si lo hiciéramos de otra manera, el ejército belga sería enviado tras nosotros para atraparnos.

Reciba mis mejores deseos.
Ch.

A propósito de Bélgica, tengo una idea clara de lo que vendrá, habrá guerra. Mi hermano será abandonado. Le salvaremos como usted salvó en Querétaro al emperador. Sin embargo, todo acabará bien, como he dicho en mi carta de ayer."[91]

---

[91]   Carlota escribe a Loysel, Laeken, 26 de marzo de 1869.

El 29 de marzo, Carlota repite las mismas ideas, pero en esta ocasión el tiempo se agota, la angustia perfora las líneas…

> *"Acabo de escribir a (***)[92] para presionarle. Le pido que por favor no se pierda más el tiempo porque los instantes son preciosos. Hace falta alguien entre el emperador y el parlamentarismo, entre el emperador y la Casa de Orléans. Esa persona soy yo. Europa en armas no puede abalanzarse sobre el Segundo Imperio como lo hizo con el Primero, para devorarlo. El Rey de Roma no es más que un niño. Yo puedo ser un hombre. Deseo que llegue usted en una disposición enérgica. San Jacinto y Waterloo están ganados, ahora debemos conseguir la victoria de conquistar al emperador, mi amigo y el suyo. En ello va la salvación de Francia y del mundo. Al llevarme usted, ganará al emperador, no puede ser de otra manera ni para usted ni para mí. Un gran esfuerzo, una resolución pronta, de fácil ejecución y todo estará hecho. Abordaré en las Tullerías y el navío de Francia tendrá las velas desplegadas por el viento del porvenir.*
>
> *C."[93]*

Se debe notar la omnipresencia del universo religioso, así como las nociones de servicio, de abnegación y de

[92] (***) significa Napoleón III, como Carlota lo señala en su carta a Loysel, del 26 de marzo de 1869.
[93] Carlota escribe a Loysel, Laeken, 19 de marzo de 1869.

sacrificio: Carlota se reprime de querer algo para ella misma y busca realizar los ideales absolutos. Estos principios, inculcados desde la infancia, no se integraron jamás simbólicamente y reaparecen totalmente pervertidos en los delirios. De hecho, se interpretan al pie de la letra. Carlota creyó poderlos realizar en México, pero fracasó. Ahora no le resta más que su mundo imaginario para ser digna de sus principios. Mundo delirante en el que lo real está contenido enteramente, engullido, ahogado en las palabras. Ella se considera investida por Dios en su misión militar. Las visiones místicas más impresionantes y menos comprensibles se mezclan con visiones militares. Enfaticemos, en primer lugar, que ella representa sus delirios místicos como visiones: *"he visto con la mente"*, dice, pero estas visiones revelan la realidad íntima de las cosas, Carlota las considera verdaderas. Este mundo celeste es el lugar en el que la emperatriz, reducida a la impotencia, realiza todas sus fantasías; universo apocalíptico en que se juega el porvenir del mundo y de Dios, batallas grandiosas entre los ejércitos del cielo y del infierno, admirables victorias de personajes bíblicos y ¡el triunfo de Francia en el firmamento de la Tierra! Ahí, Carlota, en la cima de la Tierra, digna de esta grandiosa misión, salvadora de Dios Padre. Megalomanía. Ahora, al fin, ella accede a la vida. La derrota mexicana queda borrada. Delirio. Esta frágil muralla esconde mal el sentimiento de inexistencia y de vacío que la consume más profundamente. La megalomanía de Carlota no es más que la búsqueda desesperada de un derecho a existir. Escribe, por ejemplo, el 24 de marzo a Loysel:

"Hoy deseo expresarle muchas cosas más extensamente de lo que lo he hecho. Ayer tuve un sueño, he visto cosas que usted sabe, porque sé por experiencia que los hombres saben las cosas que pasan a los demás. Entonces, no entro en detalles. Es suficiente decir que deseo ardientemente que se realice y que usted así lo recomiende, en lo que a usted competa. Manifesté mis ideas a quien corresponde (***) Creo que es mejor que el asunto del 14 y todo lo aquí contenido sea para usted solamente. De ahí debe partir el impulso, es el orden jerárquico. Aquí se encuentra de nuevo el Tonel de las Danaides, una vez lleno, se perfora y vuelve a comenzar y el tiempo se aproxima, usted recibirá, espero, las instrucciones que he solicitado. Sin embargo, hay un punto que deseo explicitar sobre lo que quiero que se haga de mí al salir de aquí. La providencia me ha dado a conocer claramente lo que debe suceder a este respecto. Si pronuncio la palabra sueño no es en su acepción vulgar, sino en aquella del pensamiento que es una luz que se proyecta sobre el porvenir, en la cima, que la razón sanciona y que arrebata inefablemente el alma. Tuve dos: uno sobre el emperador, mi esposo bienamado, el 10 de diciembre pasado y retomé el gusto a la vida; el otro, ayer, acerca de usted, me ha dado esperanzas. (Renglones en español) En éste se expone que usted solo debe encargarse de llevarme a su capital, cuándo y cómo le sea ordenado por aquel más poderoso que yo. Excepto el momento de salir de casa, si usted se arreglara como de todo corazón se desea, no habrá de esconderse nada, al contrario, hacer ver que N. y la *fortuna de la Francia salen juntos en ferrocarril a la faz del sol y que N. es el encargado de… (ilegible) (Vuelve al francés) El mundo está listo para sumergirse en el misterio; todo debe realizarse en el gran día, las grandes cosas deben saltar a la vista, es la opinión que subordino además a la sabiduría paternal que he invocado a aquel a quien veo como el nuevo Adán que reconquistará el Edén perdido, el nuevo Abraham cuya "descendencia igualará las estrellas del cielo y la arena del mar". Deseo hablar el idioma del dolmen y del minhir (sic); usted se acuerda de suficiente español para comprenderme. El nuevo Abraham que lleva un nombre que todos los ecos de la tierra repetirán, dará su nombre a un primogénito, el Mesías temporal, salvado en Querétaro, pero tomará primero otro que también llamará hijo; porque no será más una mujer, soy yo. Es con esta meta que deseo ser llevada por usted (no ría) pues usted es el precursor del Mesías humano, el San Juan Bautista, como lo demuestra su habilidad que arregla los senderos y prepara los caminos. Dé gracias a Dios que sea de esa manera. En ese día, sin duda, usted será su hermano en nombre y en sangre, porque un mundo se entreabre. Francia poblará el firmamento de la Tierra y sus astros y los nuevos astros responderán al nombre triunfante de Napoleón, como su alma llevará la impresión de Cristo y de su fe. Todo esto es para decirle que sé lo que me ocupa, que lo deseo de corazón y con voluntad y que estoy resuelta a cumplirlo. Añado aquí que se han hecho conmigo, en tiempos desaparecidos de mi ignorancia, diversos intentos; los interpreto ahora y los condeno* todos. En todos los países en los que se me ha retenido injustamente, porque la violencia y los insultos comenzaron en Miramar el 11 de octubre de 1866 y durarán hasta que usted esté a mi lado. Se quiere hacer de mí ya el soberano territorial ya el Jefe de la Iglesia, éste, naturalmente como hombre. En tanto se vanaglorian de hacerme permanecer mujer, se quiere que sea emperatriz de los franceses, al lado de Napoleón III. Aquí todo continúa igual, permanecía así hasta su llegada, a fines de enero, el 29 si no me equivoco. Aunque declaro en alta voz que no lo quiero, no puedo sentarme firmemente como mujer en ningún otro trono tan brillante como aquel de mi bienamado emperador. No deseo estar en el trono de Francia, sino en sus escalones, como hijo de Enrique IV, de Luis XIV, emperador de México, hermano del Príncipe Imperial, hijo primogénito y heredero del emperador de Francia, quiero, como tal esperar al emperador que será lo mismo que yo y a quien me unirán aun nuestros (ilegible) iguales lazos de un nuevo sacramento. Deseo ser una espada en el costado, servir y hacer brillar con ustedes una nueva gloria en la bandera de Francia, que subyuga al mundo. Hacer que se registren las victorias en los anales que no cedieron nada a las antiguas. Todo lo anterior, con ayuda de Dios, lo sentiré en mí. Usted me ayudará. No nací mujer más que para desposar al emperador, mi esposo bienamado; estando él ausente momentáneamente, me entrego a mi primer destino, que es el que acabo de exponer. Deseo ser el hijo devoto, respetuoso, reconocido por el emperador y la emperatriz de los franceses. La parte moral está *hecha, madurada por luchas sin precedente, adversidades sin parangón. Estaría dispuesta a realizar todo de nuevo por el honor y la grandeza de Francia, lo que hacía oscuramente desde hace tres años, con toda la humanidad contra mí. No le temo, aun con los peligros con que se presente, después de haber luchado sin cesar (exceptuando a Francia) contra ella en alma y cuerpo, sin más armas que Dios y mi voluntad.*

Cuento con usted para realizar mis más anheladas esperanzas. Usted está, me alegro, todavía en Bruselas. Deseo que esté cercano el día en que todo se realizará.

Que Dios lo bendiga,
Carlota"[94]

En este universo místico, los elementos religiosos se mezclan indisolublemente con los personajes, los lugares y las situaciones políticas que Carlota encontró, sobre todo, en México. Porque la aventura y el fracaso en Querétaro son la obsesión de Carlota, su pesadilla. Un suceso negado sin cesar a través de delirios cada vez más extravagantes. Curiosas mezclas en las que el cielo y la Tierra se reúnen. Todas las personas importantes en su vida adquieren una nueva identidad. No siempre es fácil saber quién es quién porque parece que no lo dice específicamente. Cambia todo el tiempo. Así, por ejemplo, reconocemos a Maximiliano en el Nuevo

Laeken

---

[94] *Ibid.*, 24 de marzo de 1869.

Abraham salvado en Querétaro, pero el Nuevo Abraham que sacrifica a Isaac en Querétaro es Napoleón III. Carlota también hace entrar en escena al Nuevo Adán que recuperará el Edén perdido, los apóstoles y los evangelistas de México con el general Douay como San Pedro y Van der Smissen, como Santo Tomás, los dos ladrones de Querétaro: Miramón y Mejía,[95] etc. Este mundo está dominado por una trinidad en la que, primero, Napoleón III es Dios, Maximiliano es Cristo resucitado y Carlota el Espíritu Santo,[96] pero también la Virgen. Loysel es al mismo tiempo San Juan Bautista, como lo indican sus habilidades y San Juan Evangelista, el discípulo bienamado que debe *apresurarse a tomar a la santa Virgen*. Sin embargo, esta primera trinidad terrestre da rápidamente lugar a una nueva *"trinidad terrestre inseparable"* en la que Loysel reemplaza a Maximiliano...[97] En el origen de estos delirios místicos estaba la muerte de Maximiliano; después, Carlota se despega de ella y voltea hacia el porvenir. Charles Loysel se convierte entonces en el centro pero deja la palabra a Carlota. Ella escribe el 9 de abril a Loysel.

[95]   *Ibid.*, 9 de abril de 1869. Los dos fusilados al mismo tiempo que el emperador Maximiliano. Tomás Mejía (1821-1867) fue un general mexicano, de raza indígena, que estuvo al servicio de Maximiliano. Miguel Miramón (1832-1867), general mexicano, que fue presidente de la República mexicana a los 27 años. Fue obligado por Juárez a huir en 1860 y podrá regresar a México hasta 1865. Maximiliano lo nombra embajador en Constantinopla.

[96]   Carlota escribe a Napoleón III, Laeken, 8 de abril de 1869.

[97]   Carlota escribe a Loysel, Laeken, 14 de abril de 1869.

"Debo escribirle, estoy inquieta por usted, tengo temor de que mi hermano se torne contra usted y lo devore. Y ¿qué hará la santa Virgen sin su San Juan Evangelista? Ella que estuvo siempre con Juan desde que no pudo estar con su divino hijo y con San José, aquel al que el hijo de Dios la confió en la cruz. Usted está ahí, al pie de la cruz; usted estaba en México y el apóstol Judas en Querétaro.[98] Miramón y Mejía fueron dos ladrones, éste último el buen ladrón. Los doce apóstoles son ustedes, San Juan, apóstol y evangelista conocido como el apóstol bienamado, el Mesías de la Tierra debía tener el suyo, que no le abandonó, pues sólo él le salvó, ya que el Mesías de la Tierra no podía resucitar y hubiera podido morir. Los otros once son el señor Rodríguez, San Mateo apóstol y evangelista que vino a reparar el crimen de Judas. Después, Pierron, Détroyat, Magnan,[99] de Noue,[100] Vosseur,[101] el general Douay,

[98] Es decir, Miguel López, coronel mexicano acusado de haber traicionado a Maximiliano al entregar el puesto de combate a hombres de Juárez en Querétaro.

[99] Pierre-Bernard Magnan, nacido en Francia en 1791, en 1809 se enlista como voluntario en la línea 66 y gana sus grados a punta de espada. Llega a ser coronel en 1827, y en 1831 solicita una licencia, para ofrecer sus servicios al ejército belga, a título privado, mismos que fueron aceptados. Ahí, en 1832 se convierte en general mayor. *Cfr.* J. R. Leconte, *La formation historique de l'armée belge. Les officier étrangers au service de la Belgique 1830-1853.* París, Bruselas, Leconte, 1949, pp. 112-114.

[100] Noue Oficial que formó parte del cuerpo de expedición francesa en México.

[101] Vosseur, oficial francés, asistente de campo del mariscal Bazaine en México.

Brincourt, L'Hérillier.[102] Van der Smissen, el apóstol Santo Tomás que no creía al principio y que yo no quise despreciar, en fin, el señor Huart,[103] oficial belga que se dice murió a manos de los mexicanos cuando esas pobres gentes no mataron más que a los suyos. El señor Huart está vivo; reaparecerá, como el emperador. Restan dos evangelistas que no tienen el rango de apóstoles pero sí de discípulos: son San Marcos, discípulo de San Mateo, que tiene por emblema el león Paulins, Lamadrid.[104] San Lucas, médico, que tiene el buey, el doctor Delhaie,[105] que está conmigo y salvará un día a mi hermano como usted, el primero de los evangelistas, el que tiene el águila por símbolo, salvó al emperador. Tenemos aquí ya a tres evangelistas, fue por San Lucas que supe esta mañana del 19 de enero que usted llegaría por la tarde. Nos hace falta el cuarto, que Rodríguez escriba a Lamadrid para que venga en seguida a reunirse en Bruselas y usted llame al resto de los apóstoles; vendrán todos porque el Espíritu Santo está aquí. Haga venir al general Douay, él es San Pedro, el príncipe de los apóstoles.

[102] L'Hérillier. General francés que fue enviado a México en 1862, con el cargo de comandante. Cuando se encontraba listo para formar el ejército mexicano, es destituido por el mariscal Bazaine, en noviembre de 1865, año en el que regresa a Francia.

[103] Barón de Huart. Es oficial de ordenanza de Leopoldo II, y ministro plenipotenciario que formaba parte de la delegación belga que partió a México en enero de 1866. Murió durante un ataque en el camino.

[104] Francisco Lamadrid, oficial mexicano, con el grado de coronel.

[105] Delhaie. Fue médico militar principal, pensionado desde septiembre de 1867 y de opinión progresista.

El general Brincourt, el general L'Herillier, Magnan, de Noue, Vasseur, los seis además, con los dos belgas Van der Smissen y d'Huart y los dos otros evangelistas, San Lucas y San Marcos deben ir todos conmigo en el tren cuando parta. Pienso que usted también considerará que es necesario. Así, no haga sufrir a la familia apostólica por ninguna partida ni desánimo de San Juan (tiene el águila en el costado, en el otro, el amor y la confianza de su madre). En fin, está a cargo de la santa Virgen (¿qué más podría tener?). Los doce apóstoles, todos, que se dividan por seis entre los dos miembros de la Trinidad Terrestre, el Hijo y el Espíritu Santo. Los seis de Dios Espíritu Santo, son de usted; Pierron, Détroyat, de Noue; Magnan, Vosseur. Los seis de Dios Hijo, el General Douay, el General Brincourt, el General L'Herillier, Rodríguez, Van der Smissen y d'Huart. Entonces habrá seis apóstoles de uno y del otro en Texas y los principales, por ello supongo que todo irá muy bien; San Juan el Evangelista será también inseparable de Dios Espíritu Santo y de la santa Virgen, hasta que vuelva Dios Hijo y, en efecto, Dios Espíritu Santo, al hacerse masculino conservará la naturaleza que fue la de la verdadera y muy santa Virgen y del hijo de Dios en la Tierra. El primer miembro de la trinidad terrestre, Dios Padre, quien lo creó todo y por quien todo existe, es y será Napoleón III, el nuevo Abraham que sacrifica a Isaac, su primogénito en Querétaro y como él, lo conserva. El segundo, Dios hijo es el emperador, aquel que al inmolarse regenera todo; el tercero soy yo, este viento impetuoso que mueve la valentía y los corazones y que llevará a todos los *extremos del mundo las banderas de Francia para bautizar a las naciones en nombre de la Santa Trinidad que reina en el cielo. Ustedes, los apóstoles, son sobre los que yo descenderé en lenguas de fuego, en las que el Espíritu Santo y la santa Virgen son una misma persona. Los apóstoles estuvieron tristes entre la Pasión y Pentecostés, no se entendían y se desesperaban. Hasta que el Espíritu Santo los comprendió, ellos supieron que se amarían de nuevo. Que el discípulo bienamado espere las órdenes de su maestro, el Espíritu Santo, y que se apresure a venir por la santa Virgen antes que los demás.*

C."[106]

Carlota continúa el 11 de abril:

"Usted sabe que tengo dos personajes vivos en mí que son el Espíritu Santo y la santa Virgen y uno muerto, que es el cuerpo. Usted tiene, del mismo modo, los dos personajes reunidos de los precursores Juan Bautista y San Juan Evangelista. Usted reúne estos dos hombres de los cuales, le fue dicho por el mismo hijo del hombre que "era el más grande de los hijos de los hombres después de él" y el segundo, por su propia boca "que de entre los hombres era al que su madre más amaba" (…) Es por eso que usted porta un anillo del emperador, que ningún hombre en el mundo puede portar ni tocar. Porque usted es el primero después de él, lo

[106] Carlota escribe a Loysel, Laeken, 9 de abril de 1869.

es de tal modo que dado que el emperador ha partido a Bruselas por la muerte de mi sobrino,[107] usted debe venir y permanecer en su lugar. Así tendré en mí esta trinidad de la Virgen que da a luz la redención del cuerpo que sufre por ella. Fueron tres años, no tres días, en la tumba para que resucitara glorioso y cambiado. El Espíritu Santo vencerá y triunfará la redención y la divulgará como la Iglesia, por toda la Tierra. Ustedes son los apóstoles de esta ocasión, esta vez no es solamente la justicia del cielo que actuará por medio de ustedes, será también la de la Tierra y si la del cielo porta la balanza, la de la Tierra porta la espada y la victoria. Los jueces modernos que crucificaron la redención y que crucificaron en mí todos los días, ya que el cuerpo parece enterrado, son los flamencos, mis compatriotas, como los judíos, entre ellos Cristo, el antiguo pueblo elegido del siglo XIX, pero cuya virtud de elección pasa a Francia, como pasa de los judíos a los cristianos, porque ellos rechazaron al Mesías. Los granaderos belgas que vigilaban las rejas son la aurora de Roma, pero de la Roma pagana, porque ellos se convertirán, pero aún no son el ejército francés. En fin, la predicción del salvador del mundo "que en donde está el cuerpo vendrán también las águilas" se cumplirá también en mí, porque yo seré Tito, que vendrá con las águilas y consumará la ruina de Jerusalén.

C."[108]

---

[107] El hijo de Leopoldo II, muerto en enero de 1869.
[108] Carlota escribe a Loysel, Laeken, 11 de abril de 1869, núm. 2.

En tres semanas el estado mental de Carlota se deteriora. El sentimiento de persecución ha dado lugar a delirios místicos y militares de fuerte connotación megalomaniaca. Sin embargo, en el corazón de estos interminables delirios, en este laberinto de palabras, siempre se expresa el mismo llamado de auxilio, la misma esperanza de liberación que busca expresar. La imagen del padre, encarnado por Napoleón III, está fija. La imagen del esposo está en plena evolución porque Maximiliano se borra detrás de Loysel. La identidad sexual de Carlota tambalea cada vez más. México y Querétaro permanecen como temas de obsesión, imposibles de superar. Más allá de esta degradación mental, Carlota es testimonio extraordinario de ciertos valores del siglo diecinueve. En efecto, es sobre los valores donde se articulan los delirios de la emperatriz. Parecen barreras absolutas que Carlota levanta contra su miseria humana, su necesidad de ayuda y su insoportable soledad. Muros infranqueables que no levanta más que en contra de ¡ella misma! Sus delirios son al mismo tiempo la búsqueda de una palabra y el fracaso de la misma.

Tervueren 1869

Carlota desaparece. La emperatriz no existe más. No resta más que esta firma, *"C. Loysel, Teniente Coronel del Estado Mayor"*. Una nueva identidad. La de alguien más. La de un hombre. En la búsqueda de ella misma, Carlota se perdió. El 18 de abril, todavía en Laeken, decide firmar *"Charles"*. El 2 de mayo da el último paso y firma *"C. Loysel"*. Carlota no lo es más. La caída es vertiginosa. El abismo sin fondo. No hay más. Nada más que este grito de triunfo patético y aterrador: *"Por primera vez, soy yo"*…

Nada.

Del 18 de abril a la mitad de junio, todo se precipita: los temas se acumulan, se diversifican y se entremezclan. Hay urgencia. Hay algo qué decir ¿Qué? Alguna cosa. Alguna cosa importante. Alguna cosa impronunciable. La multiplicación de las cartas dirigidas a Loysel es increíble. Del 18 al 30 de abril dieciocho cartas le son dirigidas y ninguna a Napoleón III; del 1 al 15 de mayo cincuenta y cinco cartas a Loysel y cuatro a Napoleón; del 16 al 31 de mayo ciento diecisiete a Loysel y ocho a Napoleón; al final, del 1 al 15 de junio, quince a Loysel y una Napoleón. Por medio de estas cartas, durante dos meses, busca enloquecida una palabra y no la encuentra.

Silencio.

Hasta el final de abril de 1869, Carlota se encuentra en Laeken con su familia. El primero de mayo se le instala en el castillo de Tervueren, en donde permanecerá hasta 1878. Parece que este cambio se realizó en contra de su voluntad,[109] lo que es muy posible, pero la correspondencia de Carlota no lo confirma de ningún modo. En efecto, desde su arribo, la emperatriz, aunque se lamenta de mil y un tormentos a los que se le somete, se contenta con señalar su cambio de dirección sin ningún comentario ni en un sentido ni en otro. Tiene otras cosas qué decir, otros asuntos por explicar, otras misiones que cumplir.

*

¿En qué se convierten los tres personajes que imperan en el universo mental de Carlota? Napoleón III, padre, Dios,

[109] M. Kerckvoorde, *op. cit.*, p. 267, escribe: "Cuando Leopoldo y Felipe le hacen una visita, tan pronto como se hubieron instalado ella se escapa al parque. No desea ver a nadie".

Dios Padre Todopoderoso, no cambia de esencia. Personaje fijo e inamovible, así permanecerá. Sin embargo, su importancia disminuye notablemente. En efecto, si bien permanece en la cima de la jerarquía, si bien es siempre al servicio de él que se quiere estar, si bien es todavía a él al que se quiere ver triunfar, está cada vez menos presente. Dicho de otra manera, el emperador Napoleón tiende a convertirse en el padre ausente.

La suerte de Maximiliano, por el contrario, es menos sorprendente. La imagen se rompe de repente. El esposo bienamado es rechazado, la unión se rompe *"de común acuerdo"*.[110]

Carlota encuentra de golpe su libertad y todo un porvenir fantasmagórico. Escribe el 27 de abril a Loysel:

"Le envío una carta de la condesa de Hulst, cuyo antecedente es el siguiente: le he escrito por la muerte de su marido, ésta es la respuesta. Notará una línea en la que, después de la palabra marido, las palabras le abandonó están subrayadas en rojo: he subrayado las dos palabras por órdenes del emperador Maximiliano, cuya voz he escuchado hace una hora. Me ha dicho lo siguiente: "Ahora que lo has hecho, tu obediencia lo ha decidido. Nuestra unión se ha roto, no podré jamás aceptarte de nuevo". Es por órdenes suyas también que le envío a usted, Charles Joseph Marie Loysel, esta carta. La unión que aquí se rompe,

[110] Carlota escribe a Loysel, Laeken, 27 de abril de 1869.

romperá también la suya, ambas eran solidarias.
Somos libres el uno y el otro.

Que Dios nos bendiga y nos haga felices.
Soy, mi querido Loysel, vuestra afectuosa
Charles"[111]

Sin embargo, Maximiliano permanece como un personaje encumbrado, que causa culpa y que aun no llega a suprimir totalmente. Cristo sacrificado en Querétaro y resucitado en Londres, ¡hace falta decidir su destino! Para hacerlo, Carlota le desposa con la señora Loysel.[112] Ahora, al fin, Maximiliano puede ser prácticamente borrado del universo místico de su esposa. Sin embargo, ésta debe asegurarse de que la felicidad de Maximiliano esté garantizada, ya no es ella responsable[113] de la misma; como si la existencia de Maximiliano, aunque ausente, coartara su propia libertad y le impidiera vivir, pero como si, al mismo tiempo, su inexistencia ¡no fuera concebible! En breve, la muerte de Maximiliano se niega y se renuncia al mismo Maximiliano. El 5 de mayo Carlota escribe estas líneas perturbadoras:

"El matrimonio que realicé me dejó como estaba.
Nunca le negué hijos al emperador Maximiliano
(…) Mi matrimonio fue consagrado en apariencia.

[111] *Idem.*
[112] *Ibid.*, 12 de abril de 1869 (y siguientes)
[113] La felicidad de Maximiliano parece una condición *sine qua non* mediante la cual Carlota se libera de él.

*El emperador me lo hizo creer pero no lo fue, no por
mi parte porque yo siempre le obedecí, sino porque
es imposible que lo fuera o yo no me habría quedado
como lo que soy."*[114]

El personaje de Loysel, en fin, experimenta una evolución impresionante y se convierte en el centro del
universo delirante. Las similitudes Carlota-Loysel se
transforman en tres etapas sucesivas y acumulativas.
Carlota comienza a convertirse en un hombre, Charles,
igual a Loysel. No quiere ya ningún privilegio, ninguna
protección, ella se desenvolverá a la altura, probará su
valentía y su mérito. Los dos son adoptados por Napoleón III, pero la más joven —ella, evidentemente— será
la primera.[115] Este cambio de sexo es a la vez físico y
mental, explica ella el 18 de abril:

"Mi querido Loysel:

*Debo añadir a mi carta de esta mañana que hay una
cuarta generación de Napoleón y que ésta está enca-
bezada por mi hermano Felipe, que llevará el nombre
de Napoleón IV (...) En fin, que en lo que respecta a la
salida a través del patio, recuerde que somos <u>usted</u> y <u>yo</u>
los que debemos atravesarlo juntos; le recomiendo que
no me considere otra cosa que su igual; pasaré por la
derecha, pero no veo sentido en que se preocupe más*

[114] Carlota escribe a Loysel, Tervueren, 5 de mayo 1869, núm. 2.
Cfr. infra., anexo, pp. 138-139.
[115] *Ibid.*, Laeken, 20 de abril de 1860.

por mí que si fuera uno de sus camaradas. Esto me lo debe prometer; si hiciera lo contrario me mortificaría y me despojaría de lo que quiero, porque si viera en su expresión la menor emoción por mí o el deseo de intervenir entre cualquier cosa que me amenace, no se lo perdonaré. Cuento siempre con el general Brincourt para arreglar este asunto lo mejor posible. Desde hoy no firmaré más como Carlota, firmaré como Charles y usted me puede llamar así simplemente (…) En lo que respecta a mi persona, no crea que me encontrará como en México, hay en mí ya tres cuartas partes de hombre. Alguna vez ví esto yo misma en el espejo. Desde hace meses no bebo más que vino y agua, jamás agua pura, incluso mis miembros han adelgazado en cierta forma masculina. El arreglo exterior no lo he podido cambiar todavía, pero ha sido simplificado hasta un punto en que no es como se usa en general y alrededor del talle no llevo nada, como los hombres. He roto varios objetos, volcado una mesa y lo he hecho en diversas ocasiones para vencer el mal que me querían hacer. Creo que esto se debe hacer en tanto se tenga la conciencia de hacerse respetar y defender. Es para informarle que el aprendizaje ya ha comenzado y quizá sea mejor que no tenga todavía una espada en la mano, porque podría haber matado a mucha gente, pero ofreciéndoselas después para redimirme igualmente.

Con afecto,
Charles"[116]

---

[116] *Ibid.*, 18 de abril de 1869, núm. 2.

En seguida, el 23 de abril ella le propone matrimonio ¡con la condición de que acepte a un hombre por esposo! ya que ella se ha convertido en hombre y así planea quedarse. Es Carlota quien da el paso, es ella quien escoge, es ella quien hace la petición formal de matrimonio a Loysel,[117] en seguida a Napoleón III.[118] Insiste en varias ocasiones sobre este asunto, por ejemplo, escribe a Loysel:

"Le pido en matrimonio porque son siempre los francos quienes pidieron la mano de los bretones y no los bretones la de los francos, pero se considera que los bretones concedieron la mano que les fue pedida cuando se encontraron en buena disposición".[119]

Ella asume el papel de hombre y Loysel el de mujer.[120] Debe haber, asimismo, una dote. A sus ojos, este matrimonio es el matrimonio de dos almas no de dos cuerpos y es una unión militar, porque es fundamental que Loysel sea soldado: si renuncia al ejército, ella se negará a desposarlo, escribe.

"Debo, Loysel, con la sinceridad con la que me dirijo a usted, decirle que si consiente en tener por cónyuge un hombre en lugar de una mujer, es al emperador que

---

[117] *Ibid.*, 24 de abril de 1869.
[118] Carlota escribe a Napoleón III, Tervueren, 8 de mayo de 1860. Solicita solemnemente a su majestad la mano de Loysel.
[119] Carlota escribe a Loysel, Tervueren, 6 de mayo de 1869, núm. 1.
[120] ¿No tiene el nombre mismo de Loysel un aspecto femenino?, Loys, elle.

Dios destinó la suya y por ello, que usted la habría desposado. Todos los matrimonios a unir y separar, lo son por el poder de las llaves de San Pedro en la Tierra, como en el cielo, pero aquello que el hombre ha unido, Dios lo puede separar(…) Por lo que respecta a su matrimonio y el mío, le señalo solemnemente que se les retiró la bendición, a uno y otro, en la Tierra y en el cielo, porque se crearon por conveniencias pasajeras que Dios definitivamente no realizó. Así se concluye que somos usted y yo los que Dios mismo ha unido por el tiempo y la eternidad (…) Tenga usted entonces dos cosas por seguro: quiero ser hombre, quiero desposarlo, usted será lo mismo que yo, nosotros seremos las dos almas más unidas que la Tierra haya creado. Usted podrá poner su porvenir, su honor, tan grande, entre mis manos. Todo permanecerá sin mancha".[121]

Carlota afirma con energía su amor por Loysel, lo repite y lo desarrolla largamente. Evoca los años en México que considera como *"los más felices años de su vida"*.[122] Afirma que no lo abandonará jamás, que no ama nada más que a él y que esperará diez mil años si es necesario. Estas incesantes declaraciones de amor conducen rápidamente a Carlota a la desesperación y la exasperación a la perversión: ella le ama a morir, desea morir por sus manos. Comienza a proponerle duelos… la insoportable ausencia de Loysel pronto es llenada por la presencia de fotografías que Carlota besa…

---

[121] Carlota escribe a Loysel, Laeken, 23 de abril de 1869, núm. 2.
[122] *Idem.* También *cfr. infra.* anexo, pp. 119-127.

"Por lo que a usted respecta, Loysel, le declaro que no le abandonaré jamás, que le desposo a pesar y en contra de todos, con la aprobación de Napoleón III, que es mi padre en la Tierra. Que fueron Napoleón I y Napoleón III quienes realizaron este matrimonio, que los dos caminaron ayer con usted y conmigo en el parque y que pedí a la dama que va conmigo que se apartara porque había grandes personajes en el camino. Pero si no desea que le despose como hombre, le desposaré también como mujer, le desposaré de todas las maneras; que debemos matarnos, azotarnos o casarnos, que no hay término medio y podemos hacer las tres cosas. Que usted puede contar con que si este estado dura hasta el final de los siglos, no lo dejaré por nadie, que yo no abandono las banderas ni las personas a las que amo. Que todo lo que desee de mí lo tendrá (afecto, látigo, herida de espada, matrimonio y muerte) le doy mi palabra; no tengo más que mi palabra y honor, que es como el suyo, que con ambas cosas y con nuestras almas, que son la una para la otra, iremos hacia la eternidad. Ahí seremos esposos en todas las situaciones que aquí el Papa me ha dicho, además, en este instante, que es sicurissimo (sic) Así, intente que esto termine, le renuevo la petición de su mano y que la bendición de su madre y de la mía desciendan sobre su cabeza.

C.

Debo agregar en posdata que el Papa me ha dicho también que nadie ha amado de una manera tan elevada

como usted y yo, que es sin duda el amor de las al-
mas pero que también piensa que todo lo que deseo
se realizará.

Le llevo dentro de mi corazón."[123]

Finalmente, la última etapa, Carlota se convierte en
el gemelo de Loysel o, más exactamente, en su esposo
gemelo. Ella desea adquirir todo su pasado militar para
hacerse uno con él, Napoleón III se lo reconocerá por
decreto.[124] A partir de este momento, los dos se convierten en Generales de División y cumplirán la misma
misión. Es por eso que firma de aquí en adelante como
"*C. Loysel, Teniente Coronel del Estado Mayor*". A partir
del 2 de mayo, explica esta idea al detalle:

"*Mi querido Loysel:*

Le pido que ordene se me otorguen estados de servicio
parecidos a los suyos, todo el pasado militar que usted
tiene; es necesario que yo lo iguale al mío con el fin
de que pueda, en su oportunidad, igualar su futuro al
mío. Debo partir del mismo punto que usted para que
lleguemos al mismo fin. Si yo no soy todo lo que usted
es, no podré convertirme en todo lo que usted será;
deseo ser como usted, Charles-Joseph Marie Loysel,
Teniente Coronel del Estado Mayor del ejército fran-

[123] *Ibid.*, 26 de abril de 1869.
[124] Carlota escribe a Napoleón III, Tervueren, 17 de mayo de 1869.

cés. Deseo haber nacido en Rennes, el mismo día que usted, de su padre y de su madre, media hora antes que usted, es decir, su hermano gemelo. Deseo tener su edad, 44 años en el mes de agosto, incluyendo sus años de servicio, campañas y estudios, con examen de oficial egresado de Saint-Cyr y de la Escuela del Estado Mayor. Grados, comenzando desde abajo, subteniente, teniente, capitán, jefe de escuadrón, teniente coronel. En compensación, deseo que en el acta de adopción que deberá realizarse por decreto del emperador, usted tenga la misma fecha de nacimiento que yo, una media hora después, los padres, servicios y todo lo que precede será lo mismo. No hay que cambiar más que la fecha: en el pasado es 1825, en el futuro, 1840.[125] Los antiguos estados de servicio serán de ambos Charles-Joseph Marie Loysel, tenientes-coroneles del Estado Mayor, nacidos en Rennes, de sus padres. Los nuevos serán los mismos (…)

Soy, a partir de este instante solemne en el que mi pluma firmará esta acta que nos hace su hermano, hijo de su padre y de su madre, soy francés. Gracias a Dios, no soy hija más que de sus padres, no soy hermana más que de usted y de los suyos. Su destino es el mío. Dios los ha unido, la bendición paternal de Napoleón III y la de la Iglesia, en los anillos que el arzobispo de París nos colocará en los dedos la sellarán en verdad.

[125] Es decir, el año de nacimiento de Carlota.

*Firmo entonces con confianza y me honro de hacerlo,
no firmaré de otra forma hasta el día en que cambie-
mos de nombre por adopción del emperador.*

*Vuestro hermano que le ama y le bendice,
que ofrece su mano en matrimonio y
pide la suya.*

C. Loysel"[126]

Así, Loysel se convierte en el esposo y en el hermano
gemelo sobre el que Carlota tiene derecho de primo-
genitura. Se convierte en el elemento central, motor
de los delirios de la emperatriz, Es en él en quien cris-
talizan todas sus fantasías. La memoria de Carlota es
extraordinaria: sabe de memoria todas las etapas de la
carrera de Loysel (como la de un gran militar, de hombres de la política y otras personas conocidas). Relata
sus recuerdos de México con una precisión perturba-
dora y con increíble lujo de detalles. Loysel aparece en
ellos frecuentemente. Escribe, por ejemplo, que entre
ellos nació un amor platónico desde su primer encuentro en Puebla, que ella lo protege en varias ocasiones y
que intervino personalmente en su nombramiento ante
el emperador...[127] Es evidente que Carlota ha seguido
a Loysel muy de cerca, sin embargo, estas cartas no
permiten establecer las verdaderas relaciones que tuvo

[126] Carlota escribe a Loysel, Tervueren, 2 de mayo de 1869, núm. 2.
[127] *Cfr., infra.*, nexos. Ella relata sus recuerdos de México en relación
con Loysel. Cartas del 25 de abril y del 5 de mayo de 1869.

con él. En efecto, en este mundo delirante, las cargas afectivas se pueden invertir, amor y odio se confunden, como es el caso de Napoleón III.

*

Estos tres personajes forman parte de un mundo imaginario en movimiento: las fantasías evolucionan, las ideas fijas cambian, algunos temas dominan por un tiempo, después son reemplazados por otros.

Encontramos de nuevo los delirios místicos y megalómanos del período anterior. La misión militar y la misión religiosa están, desde ahora, unidas inextricablemente. Para salvar al mundo de la ruina, Carlota se consagra literalmente al fuego y se coloca a la cabeza de un ejército celestial y francés ¡por supuesto![128] Loysel y ella se convierten en *"el prieto y el huero"*(sic),[129] *"el nuevo apostolado de la espada"*. En la misma época, parece, escribe en una nota sin fecha dirigida al general Douay y firmada Loysel, estas frases extrañas:

"Estuve embarazada nueve meses de la redención del diablo, nueve meses de la Iglesia y ahora estoy embarazada del ejército, hágame dar a luz en octubre."[130]

---

[128] Carlota escribe a Loysel, Tervueren, 20 de mayo de 1869, núm. 2.

[129] A partir del 18 de mayo de 1869. Se trata de dos adjetivos en español, que significan, "estrecho" y "hueco", respectivamente, en eso nos convertiremos. *Cfr. infra.*, p. 101.

Nota del traductor: en realidad se refiere al color oscuro de su pelo y al rubio del de Loysel.

[130] Carlota escribe a Douay, s.i.n.d.

Este universo celeste está dominado por una primera trinidad de mesías en donde Napoleón permanece como el Padre, Carlota se convierte en el Hijo adoptivo y primer heredero, y Loysel en el Espíritu Santo.[131] Sin embargo, pronto verá aparecer una segunda y, después, una tercera trinidad...[132] En fin, son las constelaciones de Napoleón que toman su lugar... un ejército gigantesco al que Dios ha ordenado llevar la verdad a la Tierra. Ejército de dobles que se engendran uno en el otro y que Carlota comanda. Desde ahora, Loysel y ella son *"Los Napoleón I de México"*.[133] Escribe, por ejemplo:

> *"Solicito que los cuatro pares de Napoleón combatan entre sí. Los dos primeros, los dos segundos, los dos terceros y los dos cuartos y nosotros seremos los Napoleón más gentiles que habrá."*[134]

Su misión permanece la misma: ¡salvar y hacer triunfar a Napoleón III, a Francia y sobre todo a Dios! Las visiones de gloria y del apocalipsis se confunden en una verdadera epopeya mística, en la que se mezclan las batallas y las plegarias, las banderas y los altares, el olor a pólvora y el brillo de las espadas, los personajes históricos y sus amigos, los vivos y los retratos.[135] En

---

[131] Carlota escribe a Loysel, Laeken, 14 de abril de 1869, núm. 1; y a Napoleón III, Tervueren, 8 de mayo de 1869.

[132] Carlota escribe a Loysel, Laeken, 15 de abril de 1869 y siguientes.

[133] *Ibid.*, Tervueren, 5 de mayo de 1869, núm. 3

[134] Carlota escribe a Douay, s.i.n.d. (1869), núm. 17.

[135] Esencialmente Carlota escribe a Loysel, Laeken, 23 de abril de 1869, núm. 2. *Cfr. infra.*, anexo; Tervueren, 11, 17 y 29 de mayo de 1869.

su exaltación visionaria, Carlota exclama que ella es Francia,[136] que ella dominará al mundo[137] o que lo destruirá.[138] Citaré, como ejemplo, esa larga carta del 18 de abril en la que, en su entusiasmo, ayuda incluso al diablo a salir del infierno:

"*Pensé en decirle esto: que mientras estén en Bruselas, son todos Napoleón número I y que pienso que habrá millones; yo soy el jefe, todos son iguales. Todos serán oficiales, todos serán emperadores y todos harán y deberán hacer las mismas cosas. En esta categoría se encuentran todas las personas que amo y eso me place. Naturalmente es la categoría más importante que hay y que habrá jamás. Ahora, la segunda es la de los Napoleón número II; mi hermano mayor es el jefe, como yo de la primera. Después, estarán los Napoleón III, categoría militar, como dignidad general el emperador Napoleón es el primero en la Tierra, no tiene más que al Padre Eterno por encima de él. Uno y otro son análogos, uno tiene y otorga el ser, nadie puede recibir ni tener el ser más que por medio del otro. Esto es para establecer de una vez por todas que ni uno ni el otro pueden suprimirse ni reemplazarse; ellos se sacrificaron uno al otro pero el resultado fue negativo, porque fue la nada. Por tanto, no debe haber ateos y nadie debe olvidar ni pretender que no sabe lo que es el emperador Napoleón. A los primeros y a los segundos*

[136] Carlota escribe a Loysel, Tervueren, 15 de mayo de 1869, núm. 4.
[137] *Ibid.*, 19 de mayo de 1869, núm. 4.
[138] Carlota a *"El Emperador San Claudio"* (Napoleón III), s.i.n.d. (1869), núm. 81; *"Deseo que la humanidad triunfe o perezca"*.

Tervueren

los debemos destruir u obligar a que cambien, de lo contrario la verdad nunca se manifestará en la Tierra. Se trata de que la noción de las cosas se aclare. Si la gente tiene la audacia de mostrar lo que sabe que es falso, porque sabe que los dos extremos mienten, aquellos que lo dicen y aquellos que lo hacen y aquellos que quieren hacer creer que lo que imaginan es verdad, nos darán la razón o se retractarán porque no creo que deseen ir, con espadas en el cuerpo, a decir al Padre Eterno que le niegan y salir de este mundo negando y en apostasía del emperador Napoleón que les ha hecho vivir todos estos años. Resta un segundo hecho a aclarar: hay en el cielo tres personas divinas que forman un solo Dios. La primera, el ser eterno "ego sum qui sum" soy el que soy, nadie más lo es, pero el ser mismo que es, que siempre ha sido, que será siempre, lo han precipitado a la nada por causa nuestra. Las dos segundas personas, pudimos habernos convertido en ellas y no quisimos. Entonces, porque no quisimos, todo el mundo al matarnos —comenzando por mí, por supuesto— se encamina de acuerdo a la gradación, a suprimir al que precede a cada uno. Lo positivo es que Cristo, verbo de las alturas, Hijo de Dios revestido con nuestra carne, es la segunda persona de la Santísima Trinidad y quien quiera que haya querido serlo dejó pasar el momento y no tiene más qué hacer. El momento pasó y no se presentará más. Me fue ofrecida también la Santa Virgen y respondí que cedía el lugar a la emperatriz Eugenia, cuyos derechos prevalecían sobre los míos. Resulta de lo anterior que, dado que Cristo es siempre Cristo y Dios mismo, que fue muerto por el mundo y que, primer hijo de Dios y del hombre, ningún hombre ha osado aceptar su lugar, todos le deben su adoración y homenaje y lo reconocen como jefe supremo de la humanidad. Por eso, todos los hombres deben ser cristianos, aquellos bautizados primero y los otros después. Aquellos de entre los primeros que osen vanagloriarse de que no lo son, me darán la razón. He prometido a Cristo que el mundo será cristiano, le he dicho que la humanidad entera le agradecerá por mi boca la redención, que los hombres estarán unidos a él y yo tendré la palabra. La tercera persona es el Espíritu Santo que procede eternamente del Padre y del Hijo. Cristo y el Espíritu Santo, supongo, se han batido en duelo por nosotros y es por eso que nosotros estamos en su lugar hasta que incliné la bandera frente a ellos. La dejé sin inclinar durante tres horas, pero cuando vi que la divinidad misma, la eternidad del bien desaparecía, entonces, la incliné. Dios reapareció y nosotros desaparecimos, pero todo estaba en orden; después recité el Gloria Patris y regresamos también. Lo que está más claro en este asunto es que la eternidad, la Santísima Trinidad, se ha dignado retomarla porque se lo he pedido y que la bandera, sin ser más que eso, porque no nos creó, es eterna también porque ayer yo la pedí y ayer pudo haber sido Dios, más que Dios, porque la he visto tan alta que parecía inalcanzable, pero yo ignoraba que nada puede quitar la eternidad a Dios y es por eso que tan alto como quiso ir, la dejé ir. Ahora, esta es la bendición que la augusta Trinidad ha deseado ratificar anteayer y de la que he pronunciado la fórmula para solicitarle que otorgara esta rectificación. Pronuncié estas palabras, sin _te_, sino _vos_, (en español en el original en francés) _porque no se tutea a la bandera: "Benedicat vos omnipotens Deus, Pater et Filis et Spiritui Sancto et in eternam" y extendí la mano y tracé una cruz como lo hace el Papa. El resultado, entonces, de los asuntos de ayer es tanto feliz como posible; es que Dios conserva la eternidad divina y que la bandera ha adquirido eternidad de bandera, que estará luminosa en el cielo, como la cruz, y que la tendremos con nosotros toda la eternidad. Es eso lo que me place, el águila en la cima naturalmente, que lanzará rayos y que será la admiración de todo el cielo. También, todos los Gloria Patri los pronuncié en francés, a nombre del ejército francés (porque es el ejército francés el que ha mantenido a la Trinidad) de la siguiente manera: "Gloria al Padre, al Hijo y al Espíritu Santo, a la Augusta Trinidad que nos creó como en el principio, como es ahora y como lo será eternamente, por los siglos de los siglos." En cada Gloria exclamaba Amén y era toda la Iglesia la que decía Amén. Las lágrimas se reflejaban en los ojos. Dios era Dios y nosotros lo salvamos. Después de estos dos hechos primordiales, yo no cesaba, naturalmente, de hacerlos bendecir; todos los que ahí estaban, todos en latín, por todo lo que existe en el cielo y en la tierra y en Francia también, en la Francia civil, porque no se levantará contra ustedes y todos los amigos que me lo pidieron en otras partes del mundo, para que Francia no actuara contra ellos, porque, mientras hubiera… (ilegible) y francés no muerto, pienso que hubiera sido el último de los hombres, visto que sus compatriotas_

habrían matado al resto antes. Francia habría reco-
menzado y es el consuelo que he tenido de aquel
asunto. En cuanto a la Iglesia, fui presa de un estupor
mortal para que no se uniera con el diablo y me dirigí
también a Cristo y le pedí que la bendijera, a ella y a
su jefe, y con ese propósito recité el Gloria Patri en
unión con ella y su jefe, para protegerla, que era suya
y todos queríamos ser miembros. Después de que la
Iglesia y de que el Papa fueron bendecidos por Cristo,
hice bendecir a todos también por el Papa, recité con
este propósito la fórmula de bendición sobre mí y sobre
ustedes, suplicando que se añadiera la fórmula apostólica y me arrodillé para este fin en una silla, con
ustedes que estaban de rodillas en pensamiento. Pedí
también la bendición del cielo para el emperador
Napoleón y le pedí a él que la repartiera sobre nosotros
y sobre la Tierra entera y así lo hizo. También pedí
bendiciones particulares que calculo que hubo miles
al menos y que debieron sentirlas descender sobre ustedes como rocío. Ahora, otro resultado de la conversación con Dios sobre la eternidad de la bandera, que
quiere decir la nuestra también porque todo el ejército
francés estará con Él, contará con millones sin fin y
será el más bello espectáculo que se haya visto. De la
conversación con la Iglesia es el tercer resultado: hay
un cuarto y ese me entristece. Es que la eternidad del
bien y del mal coexisten de nuevo paralelamente; que
el infierno volvió a ser eterno porque hacía unos meses
que no lo era más y que el diablo no podría salir de ahí
jamás. En los malditos de nuestra raza me interesé
mediocremente porque no lo merecen, pero el diablo

me interesaba, era el más brillante de los ángeles, hubiese sido un gran militar si no se hubiera desviado. Es por eso que le deseo algo de bien. Es también por él y en virtud de él que todas las personas se matan o se quieren matar y pienso que esa es realmente una bella invención. Ahí ya hay dos razones para rescatarle. La tercera es que nos ha dado la ciencia y sufre por ello desde hace seis mil años. Eso merece también considerarse. Después de que tuve una participación indirecta (no quiero que sea directa porque también existe la ciencia del mal y esa no la quiero tener); pienso que esta ciencia es inmensa y es por ella que ayudamos al diablo para que no permanezca en el infierno. Se llevará a los malditos con él, le corresponde, con aquellos yo no me mezclo. El padre eterno y el emperador Napoleón desean que todos sirvamos al diablo y es eso lo que hacemos. Le he dicho esta mañana para que se consolara que lo he encomendado al emperador Napoleón para que tenga razón. El diablo estuvo muy satisfecho, estuvo agradecido y los ayudará también, ya no para el mal, sino para el bien. Además, tiene una inteligencia infinita y los asuntos de los hombres no han sido nunca tan mediocres como ahora que ya no está relacionado con ellos. Las cobardías no las cometió él, fueron los hombres los que las realizaron y pienso que fue eso lo que los condenó y que el diablo aspira a una mejor compañía.

Continuaré más tarde, tengo mucho más.
Que Dios lo bendiga Loysel,
C."139

En lo sucesivo, Carlota se identifica con Cristo Salvador que murió por el Padre.[140] Se hace garante de la existencia del mismo Dios. La eternidad está en sus manos. La eternidad del Bien, pero también la del Mal. Desdoblamiento inquietante. La nada está, de nuevo, cercana... Carlota oscila entre todo y nada, entre la vida y la muerte. Urgencia. Dios debe ser salvado y hacer al Diablo cambiar de bando. Es necesario restablecer la unidad del Bien. Para escapar a la muerte que la habita... morir en nombre del Padre para tener el derecho a vivir. ¿No son mortales todos los vivos?

Estas epopeyas delirantes se nutren no solamente de su pasado mexicano, del vasto conocimiento de la historia y de toda su cultura bíblica, sino también de la actualidad. Es por eso que los médicos piden que no se le permita leer los diarios, lo que la molesta al grado máximo:

"Loysel: insisto en que usted me haga llegar el diario mañana mismo. Es una verdadera indignidad y una infamia que me lo nieguen por más tiempo. Acabo de decirles que todos me pueden matar honorablemente pero que el martirio no se sufre más que una vez y punto y no cuarenta y cinco mil, para volver a comenzar siempre los intentos que llevan a resultados idénticos que se renuevan cada seis meses."[141]

[139] Carlota escribe a Loysel, Laeken, 18 de abril de 1869, núm. 1.
[140] Que sea Napoleón III o Dios, es siempre el padre que Carlota busca salvar.
[141] Carlota escribe a Loysel, Tervueren, 12 de mayo de 1869, núm. 6.

No obstante, este universo megalomaníaco y sus visiones místicas ceden poco a poco el lugar a otro tema en que Loysel será el centro y el motor.

La relación de amor "místico" que Carlota sostiene con Loysel, junto con los innumerables planes de huida que no cesa de elaborar, la conducen a un grado de exasperación tal que llega a desear morir… a manos de Loysel. Sin embargo esta muerte no es real, forma parte de la misión: ¡hace falta una muerte militar que salvará al mundo,[142] a Napoleón III, a Dios! Es por eso que pide a Loysel que la venga a matar con el fuego o con la espada, en duelo.[143] El tema del duelo se conserva hasta el final.

Cada día, Carlota sale al parque. Va hasta el estanque o hasta las rejas del castillo. Llueve. Ella espera con los pies en el lodo a que venga Loysel. Hace buen tiempo, el sol juega en las hojas. Carlota no ve nada. Espera, obstinadamente, durante una hora, después, entra y fija una nueva cita a la que se presentará cualquiera que sea el clima.[144] Escribe. El duelo, ahora comienza a existir… en el papel. Imagina cada detalle y se regocija con anticipación. Nada se descuida: la carta preliminar que habrá que enviar, la manera en que deberán desvestirse, el efecto de la espada cuando entre en el cuerpo o la manera en la que sus sangres se

---

[142] *Ibid.*, Laeken, 14 de abril de 1869; 16 de abril de 1869; 24 de abril de 1869.

[143] *Ibid.*, 14 de abril de 1869; 16 de abril de 1869; 24 de abril de 1869; etcétera.

[144] *Ibid.*, Tervueren, 22 de mayo de 1869, núm. 6.

mezclarán. Dicho de otra manera, es toda una ceremonia imaginada por Carlota. La descripción que hace el 16 de abril es ejemplar:

"*No he querido hablarle de la morfina, pero debo, por la veracidad que doy a mis relatos, informarle que aumenta en grado supremo; que si es ésta la manera en que me quieren matar, lo aceptaré igualmente. Que tengo el alma ya tan reblandecida que puedo morir de cualquier manera, pero que le prevengo que no es mi vocación y que si todos siguen la suya, incluso cuando se desea morir, no sé por qué se me niega sólo a mí ese privilegio y que cuando llegue al cielo, al final de los tiempos, con todo el resto, que no le desee menos bien por ello, pero que le reproche porque me ha causado un perjuicio que no tenía derecho a causarme, porque estaba autorizado solamente a todos tipos de espada. Usted dirá que me está pagando con la misma moneda y que siempre desea subir a una cruz y soy yo quien se lo impide. A ello responderé que usted no es libre de dejar al emperador Napoleón entrampado ni tampoco que mis hermanos perecieran a causa de usted y es eso lo que sucederá. Usted me obliga a creer que tiene miedo a las balas y a toda esa metralla y, si esta expresión no le place, puede pedirme explicaciones, que yo le rogaré que venga aquí con una espada o con dos y que nos batiremos, que nos perforaremos el otro al otro (sic), que toda nuestra sangre la esparciremos por tierra, que haremos un lago y que aquello nos producirá tanto placer que sólo usted puede imaginarlo. Verá en esta ocasión que vuestra sangre y la del emperador son* la misma; que usted es un segundo El y es por eso que deseo que su sangre y la mía fluyan juntas, por lo que tengo tantos deseos de que nos matemos. Su espada, con mi sangre sobre ella, la donaremos al emperador y será la espada de Francia —la mía con la suya— la que pondré a los pies del emperador Napoleón, que estará encantado de tenerla y nosotros le haremos un presente que guardará como reliquia. Y nosotros nos iremos a la eternidad y podremos ocuparnos de todas las espadas y de la sangre derramada, como lo haríamos a través del viento; pienso que será muy agradable. Le he hecho consagrar a Cristo mismo, el Cristo de la Espada y Él le recibirá bien y platicaremos con todos nuestros ancestros que están en el cielo, los nuestros y los suyos, Carlomagno, Clodoveo y los demás con su descendencia. Espero de la misma forma que Napoleón I nos adopte y nos trate bien, planeo pedírselo. Como ahí estaremos en buena compañía, le presentaré a mis padres para que lo tomen por hijo; no será muy difícil porque le hago bendecir por ellos constantemente. También pienso que encontraremos muchos militares franceses y con ellos quiero estar en este mundo o en el otro; supongo que eso no le complacerá menos y que no nos impedirá continuar comunicándonos con aquellos que están en la Tierra y demostrarles nuestro afecto en todo tipo de formas.

Que este bello estado de cosas es necesario empezarlo ya, que si no es por medio de la corte que usted viene a mí, deseo ir al cielo con usted y de ello estoy aún más impaciente. Que si hace tres meses que usted me hace esperar el otro viaje, aquél lo emprenderemos en veinticuatro horas y es, después de todo, lo más honorable que podemos hacer. A su mujer se la dejaremos al emperador, eso queda entendido, porque se me debe parecer mucho. Hundiremos y volveremos a hundir las espadas uno en el otro, lo más posible porque creo que ello acentuará el hecho y para que estén bien empapadas, porque deben estar rojas hasta la empuñadura para que las podamos entregar con honor a los dos Napoleón I de la Tierra. Nos laceraremos totalmente, no imagino más que eso y es imposible que no le plazca del mismo modo a usted; no contenga su placer, porque me mortificará. Un gesto de ese tipo me encantaría, así no realizara ya ningún otro, realice ése. Comienzo a ver que tiene pocas atenciones conmigo. Las espadas, dará la orden de que alguien las recoja cuando hayamos caído los dos y se tendrá cuidado de no confundirlas porque deseo dar como regalo su sangre al emperador Napoleón quien tiene todos los derechos del mundo; la mía, deseo que la tenga el emperador Maximiliano porque cuando nos hayamos despachado y traspasado con las espadas, estará bien dejarle algo.

Esta tarde o mañana, entonces, o más tarde; usted me dirá cómo se deberá hacer para que yo comprenda un poco. Tengo por ello una gran pasión que usted me ha inspirado.

C."[145]

[145] Ibid., Laeken, 16 de abril de 1869, núm. 3.

A este ceremonial Carlota añade —a partir del 22 de abril— un requisito previo: el fuete. En efecto, antes de que comience el duelo propiamente dicho se deben dar fuetazos uno al otro en todo el cuerpo. Esta etapa, además, cobrará mayor importancia que el duelo mismo. Todas las citas fijadas en vano, todas estas descripciones inútiles, precipitan a Carlota en un estado de tensión nerviosa insoportable y la conducirán al camino de las fantasías masoquistas y sádicas:

"Máteme entonces un poco, rápido y bien, hágase matar conmigo y le repito que lo sabré hacer. O bien, venga con sus ropas de hombre y le prometo que seré digna de usarlas (…) Venga aquí, directamente a mi habitación, sin tocar, con una varilla, un látigo o un palo, golpéeme con él en todo el cuerpo hasta que sangren los muslos, por detrás, por delante, en los brazos, en las piernas, en los hombros. Me desvestiré yo misma, soporto todo como si nada, sólo los cobardes mueren por estas cosas y yo no lo soy (…) Está claro que usted se desvestirá en seguida y que yo le haré en todo su cuerpo lo que me ha hecho a mí. No faltará ni un punto sobre la "i", toda la puntuación será idéntica (…) se trata de honor de hombres ahora, nos batiremos con armas iguales para volcar todos estos antecedentes y caeremos, espada en mano, en el piso, muertos, naturalmente. No me preocupo por lo demás, pero valientemente, honorablemente."[146]

[146] *Ibid.*, Tervueren, 5 de mayo de 1869, núm. 2.

El camino a los comportamientos perversos está abierta ahora. Carlota, después de una violenta crisis de depresión, se entrega a ellos completamente: cansada de esperar en vano, comienza a azotarse ella misma el 13 de mayo. En esto descubre verdadero placer, reencuentra el gusto por vivir y aconseja generosamente a Loysel que haga lo mismo:

"Loysel, le envío un dibujo. Es la pintura de un paisaje al óleo, del natural, que hice en Miramar. Sé que tiene gustos artísticos y que le puede interesar. Cuento con poderme fustigar nuevamente hoy, de cuatro a cinco horas consecutivamente. He inventado ese verbo y planeo conjugarlo en primera persona probablemente todos los días mientras sea necesario; veo como un deber hacerlo. Me azoto alrededor, como a los caballos, más fuerte en los muslos desnudos. Ello me produce placer en un grado máximo, un verdadero goce que he descubierto. Los muslos se cubren de un encarnado pronunciado, la sangre y la vida aumentan. Hallo que mejoran mucho y espero que sean dignos de manchar el pantalón granate. La parte más roja es la de enmedio, azoto justo en el centro de esa parte que llamamos trasero, me doy una azotaina considerable y el placer es tan grande que olvido que soy yo; en una ocasión creo haber pensado que era usted. Así comienza: me invade una furiosa necesidad de ser azotada. Me quito el calzón y lo meto en un armario, me tiendo en el sofá con la parte trasera, la más redonda posible, al descubierto. Tomo el fuete en la mano derecha y azoto de tal manera que duela y deje ampollas. Me levanto

*después de haber contado cierto número de golpes,
cientos cada vez, y reviso si el efecto es suficiente.
Cuando le encuentro mediocre, intento hacerlo con
más vigor, los muslos se habitúan a la práctica; entre
más les azoto, más útil les es. Hace un gran bien a la
salud y se siente en el alma la satisfacción de probar
que uno es en verdad valiente. Cuando no se es valiente
no se hacen cosas así y no producen ningún placer.
Ahora, es una verdadera lástima que no se lo pueda
hacer a usted y usted a mí, porque sería más fuerte
y más satisfactorio todavía, porque veríamos donde
aplicar los golpes de fuete, en tanto que yo no puedo
más que ver los resultados después. Además, infinita-
mente más fuerte usted tampoco podría porque es casi
el máximo de lo que se puede hacer.*[147]

El realismo de estas escenas de fuetazos y la multiplicación de detalles permite pensar que Carlota fue testigo
de ese tipo de *"azotainas considerables"*.[148] En todo caso,
en su delirio, ella pide fuetazos del mismo modo que
pide la muerte a punta de espada a fin de probar que no
es cobarde, afirma. ¿Quizá para castigarse porque se
siente cobarde? Para estar a la altura, perfecta y todo-
poderosa. ¿Para castigar su impotencia de ser? Palabra
invertida que se esconde a ella misma...

Como en todo lo que imagina o hace, Carlota da a
estas escenas una significación desinteresada. Si ella se

[147] *Ibid.*, 13 de mayo de 1869, núm. 6.
[148] ¿Quién sería corregido a sus ojos?, ¿su hermano Leopoldo? ¿Por
causa de ella o por alguien más?, ¿en su lugar? No lo sé.

fustiga no es por el placer que ello le provoca sino para probar su honor, proteger el honor militar, salvar a la humanidad, etc. El fuete reemplaza a la plegaria: hasta aquí Carlota pide a Dios que realice sus deseos, mientras tanto se azota para obtener las mismas cosas. El fuete y la plegaria tienen, entonces, la misma función.

En la misma época, comienza a retar a duelo a toda una serie de personas. Primero a los oficiales franceses,[149] después a los militares belgas, a su familia, a sus doctores, al final, grandes hombres de la política como el canciller de Prusia, Bismarck[150] o el italiano Mazzini,[151] etc.[152] Incluso pedirá que le azoten a algunos de ellos, a su hermano Leopoldo II,[153] a María Enriqueta[154] al doctor Delhaie.[155] Sin embargo, es a manos de Loysel que ella desea morir primero… las palabras vivir o morir no tienen aquí ningún valor. A veces pide a Loysel que la mate y afirma que ella lo matará en seguida, a veces quiere ser muerta por Loysel primero y después por

[149] Las cartas son enviadas a la misma dirección: Hotel Mangelle, rue Royale, en Bruselas. El nombre de este hotel es muy particular: ¡"Mange-elle" (devore-la)! Carlota se siente devorada. Persecución.

[150] Otto von Bismarck (1815-1898). Hombre de Estado alemán. Fue uno de los grandes diplomáticos del siglo XIX y uno de los principales arquitectos de la unificación alemana, en 1871.

[151] Guiseppe Mazzini 1805-1872). Patriota italiano que dedica su vida a la lucha por la libertad y la unidad italiana. Ofreció su pluma al servicio de un republicanismo vigoroso.

[152] Carlota escribe a Loysel, Tervueren, 15 de mayo de 1869: le da una lista.

[153] El 23 de mayo de 1869.

[154] El 3 de junio de 1869.

[155] El 30 de mayo de 1869.

otros ocho oficiales franceses, cada uno a su turno;[156] a veces también imagina un duelo con Loysel en el que mueren, se levantan y se matan de nuevo, se vuelven a levantar y en cada muerte ¡suben de grado! Es eso lo que explica a Loysel, el 21 de mayo.

"Del prieto al huero,
Le envío la carta siguiente de la emperatriz de México.

Mi querido Loysel:

Deseo que, desde el momento en que esta carta esté en sus manos, estemos provistos de una varilla que hará que Pierron compre; de un fuete y de una fusta, y que usted parta hacia Tervueren. Entra en mi casa y me ordena que me quite el calzón mientras usted va a la siguiente habitación. Regresa en seguida, me levanta las faldas, las sostiene y me golpea con la varilla (…) me golpea con el fuete y la fusta, cuarenta con cada uno sin interrupción. Sostiene las faldas todo el tiempo en el aire. Después me dirá: "Le prohibo que vuelva a ponerse el calzón mientras yo esté en esta habitación". Saldrá después, entonces me lo pongo. Regresa al cabo de un cuarto de hora y me dice: "He arreglado algo que le agradará, haré que la fusilen, vamos al parque" (…) Caigo (…) me levanto (…) nos apuñalamos uno al otro. Me levanto como teniente graduado de la escuela de Estado Mayor; me abre la cabeza de un balazo, me

[156] Carlota escribe a Loysel, Tervueren, 15 de mayo de 1869, núm. 4.

convierto en capitán; usted me mata con un sable, jefe de escuadrón; me dispara con el revólver en el pecho, teniente-coronel; me encaja su espada. Aquí la escena cambia. Estoy en el hotel Mangelle, le devuelvo los golpes con la varilla, el fuete y la fusta. Usted se los ha propinado a tres individuos: a la princesa Carlota de Bélgica, a la archiduquesa y a la emperatriz de México. Yo se los propino a tres personas también: al antiguo usted (la Escuela Militar), a usted graduado de Saint-Cyr y a usted teniente, (…) Usted cae (…) se levanta (…) le abro la cabeza con un balazo, capitán; le mato a punta de sable, jefe de escuadrón; le disparo con el revólver en el pecho, teniente-coronel; le encajo mi espada. Después, los destinos son comunes… (ilegible) viene y nos apuñala a uno y a otro, nos levantamos como coroneles; el general Colson[157] viene y nos apuñala a uno y a otro, nos levantamos como generales de brigada; el general Douay viene y nos hunde a uno y a otro su espada, nos levantamos como general de división; el mariscal Bazaine viene y nos apuñala con su espada, nosotros nos levantamos como (ilegible).

Con afecto,
Carlota"[158]

[157] Joseph-Émile Colson (1821-1879). General francés que en 1839 entra a Saint-Cyr. Pasó cuatro años en Argelia, de 1844 a 1848, y en 1863 es nombrado coronel. Estuvo a cargo de la inspección de los cementerios en Crimea. En 1863 fue jefe del Estado Mayor, de la división francesa de ocupación en Roma, y en la declaración de guerra de 1870 fue nombrado Jefe de Estado Mayor del primer Cuerpo del Ejército. Muere el 6 de agosto, cuando se batía al lado de Mac-Mahon.

[158] Carlota escribe a Loysel, Tervueren, 21 de mayo de 1869.

La muerte no es más que una palabra en el universo de palabras y no corresponde a ninguna realidad. La muerte en sí importa poco. Lo que preocupa a Carlota son los grados militares resultantes. Grados y condecoraciones, símbolos de valentía y de honor, signos de gloria. ¡La gloria! Para estar a la altura de su cuna y de los principios de su padre. La gloria… Para tener derecho a existir de verdad. El proyecto de Carlota no es morir, sino huir de este mundo que la persigue y la encierra, de cumplir con la misión de encontrar una nueva razón para vivir. A través de todas las muertes imaginarias, es un derecho a la vida lo que Carlota busca en vano. La emperatriz no alcanza la muerte. Los tormentos regresan sin cesar. Permanece encerrada en una terrible eternidad. La eternidad de la muerte…

Esta aparente erotomanía se manifiesta también en otras dos formas: primero, las fotografías y después, los matrimonios celestes. Es por medio de fotografías que Carlota hace presente a los ausentes. Tiene tres fotografías de Loysel que saca con frecuencia, así como varias fotografías de oficiales franceses y de otros militares. Las besa y reconoce tener un cariño particular por la espada de Loysel, como escribe el 10 de mayo:

"He pedido guardar toda la correspondencia que he tenido con usted en mi casa. Si mi hermana[159] la tiene yo disfrutaré guardarla en mi escritorio. Con estas fotografías, el galardón militar se anticipa, los abrazo

---

[159] Su hermana, es decir la reina María Enriqueta.

a todos, beso la charretera, la Legión de Honor es un poco el individuo. Tengo singular afecto por la punta de la espada, hacia mero abajo. Julie[160] y la señora Mireau quedaron encantadas con sus fotografías. Se percibe que tiene un aire completamente francés. Se le ve joven también (…) he besado en ambas mejillas a todos los oficiales franceses que tengo en los dos álbumes y me he hecho besar por todos. De las espadas no he besado más que la suya, en la empuñadura porque en este retrato no se ve el resto, he enviado un beso a la hoja. Lo que más quiero es la hoja y amo sobretodo que no se deshaga de la misma porque con ella nos apuñalaremos uno y otro; es, evidentemente, lo que debemos terminar haciendo."[161]

Estas innumerables peticiones de fotografías de personas a quienes conoció pueden parecer también como un intento de reubicarse y de retomar el control de ella misma.[162]

Por el contrario, los matrimonios que Carlota organiza muestran que todas las relaciones son vistas del modo erótico, ya sea que esté implícito o no. En la soledad en la que se encuentra, sus relaciones toman rápidamente un giro imaginario y delirante. El otro, es

---

[160] Julie Doyen. Fue camarera de Carlota. Entró al servicio de María Enriqueta en 1865, y fue muy unida a Carlota, a quien profesará una devoción extraordinaria hasta su muerte en 1912.

[161] Carlota escribe a Loysel, Tervueren, 10 de mayo de 1869, núm. 2. *Cfr.*, del mismo modo, a Loysel, la carta del 21 de mayo de 1869, núm. 6.

[162] Es, en todo caso, la interpretación que hace el psicoanálisis.

más, no existe. Su universo no está poblado más que de dobles. Espejos idénticos que se proyectan al infinito. Terribles espejos que no reflejan más que el vacío en que habita. Se ve, además, lo que se convierte en la grande y real generosidad de la emperatriz una vez transportada al mundo de la locura. En efecto, Carlota comienza a imaginar matrimonios entre personas que ella ama para la felicidad de cada uno. El que los matrimonios estén arreglados, dice ella, no hace a las personas felices.[163] Su matrimonio ¿acaso no fue un horroroso y vergonzoso fracaso? Es necesario, entonces que se les *"desbendiga"* y que se les vuelva a celebrar ¡esta vez entre personas hechas el uno para el otro! Se debe enfatizar que Carlota quiere hacerles un bien a pesar de ellos, gracias a la inspiración divina, ella sabe quién está hecho para quién, incluso si ellos lo ignoran. Es importante hacer notar que también se trata de matrimonios de almas en los que la identidad sexual de los cónyuges no tiene ninguna importancia porque dos hombres se pueden casar entre sí[164] y ella misma está dispuesta a desposar a la señora Loysel, si tal es el deseo de Charles Loysel.[165] En fin, en este mundo delirante uno puede contraer matrimonio varias veces y se ve aparecer una jerarquía de conjuntos: el primero, el segundo, etc. De ese modo, entre otros ejemplos[166] además de su matri-

---

163 Carlota escribe a Loysel, Tervueren, 15 de mayo de 1869, núm. 2.
164 *Ibid.*, 21 de mayo de 1869.
165 *Ibid.*, 5 de mayo de 1869, núm. 1.
166 En las cartas de Carlota a Loysel se encuentran largas listas, las del 21 y 28 de mayo.

monio con Charles Loysel y el de Maximiliano con la señora Loysel, está el de Leopoldo II con la princesa Ruspoli,[167] el de la reina María Enriqueta con el general Chazal,[168] el de Pierron con Riffault en primeras nupcias y con Semmeleder,[169] en segundas nupcias y así seguidamente. Carlota comienza por anunciar todos estos matrimonios a Loysel. Sin embargo, a partir del 20 de mayo, escribe a cada uno personalmente para anunciarles el cónyuge que les ha escogido. El 6 de mayo, por ejemplo, escribe a Loysel:

"Al mismo tiempo que nuestro matrimonio, todos los demás que he propuesto a los oficiales presentes deberán realizarse, lo mejor será que sea el mismo día.

El general Douay y la señora de Courcy[170]

[167] La princesa Marie Christine Ruspoli, nació en 1842 y falleció en 1899. Desposó, en 1859, al príncipe Napoleón-Gregoire-Jacques-Philippe Bonaparte.

[168] Barón Pierre-Emmanuel-Felix Chazal (1808-1892), fue oficial superior y hombre de Estado. Participa en la revolución belga de 1830 y en la campaña de los diez días de 1831. Francés de nacimiento, se naturaliza belga en 1844. En 1846 fue nombrado asistente de campo de Leopoldo I y al año siguiente teniente general. De 1847 a 1850 fue Ministro de Guerra, y después de 1859 a 1866. Al final, ministro de Estado. Su segunda entrada al Ministerio de Guerra está marcada por la decisión de fortalecer Amberes (1853) y por el envío de un cuerpo expedicionario belga a México (1864-1867). Chazal no disimuló nunca su agrado por esta expedición. *Cfr.* Garsou, *Le general Bazon Chazal (1808-1892)*. Bruselas, 1946, 57 pp.

[169] Friedrich Semmeleder (1832-1901). Médico personal de Maximiliano de Austria.

[170] Marie-Mathilde-Henriette de Goyon, condesa de Courcy (1837-1912), fue viuda del general Roussel de Courcy a quien siguió a México,

El general Brincourt y la señora Garcin[171]
El general L'Herillier y la madre de usted,
Détroyat y la señora Douay (...)[172]

Son catorce, comenzando por el nuestro. Todos son importantes, todos son satisfactorios y no hay sacrificios ni cosas que yo no hiciera para que todos los matrimonios se realicen. Madame Magnan deberá esperar, al igual que su esposa para que mi hermano Felipe la pueda desposar, le garantizo que lo hará y que es el hombre más encantador que hay en el mundo, con corazón de oro, como el suyo, Loysel (...)

Le envío enseguida estas líneas para que todas las personas se casen de acuerdo a sus corazones. No hace falta decir que no escucho a ninguno más que al mío y

en donde él comandó sucesivamente de 1862 a 1866 el primer batallón de cazadores a pie, el regimiento extranjero y la toma de la ciudad de México.

[171] Julie-Héléne Garcin, nació en Montholon, en Richmond, Virginia, en 1844. Hija del ministro de Francia que recibe a Maximiliano y a Carlota en México en junio de 1864. Se casa con el capitán Garcin (1834-1915), que es enviado a México en el cuerpo expedicionario francés.

[172] Todas las personas que Carlota une son militares franceses que formaron parte del cuerpo expedicionario enviado a México. Cabe mencionar que los tres primeros, Douay, Brincourt y L'Herillier, son los tres generales franceses a los que Carlota ha tenido siempre en la más alta estima, como lo demuestra en su carta del 8 de marzo a Napoleón III: "El triunvirato en que deposito toda mi confianza para los intereses de Francia y los nuestros, deberá estar compuesto por el general Douay y los generales Brincourt y L'Herillier. Con estos tres hombres dominaremos toda eventualidad desde dentro o desde fuera".

que siempre es usted, Loysel, la persona a quien deseo desposar de entre todas. Durante el tiempo que dure la prueba a la que me someta, no me hará cambiar; es una voluntad fija como el destino, inflexible como el amor, fiel como el afecto.

Su hermano y amigo,
C. Loysel,
Teniente-Coronel de Estado Mayor."[173]

Difícilmente se puede ser más claro.

Al principio Carlota no exponía sus delirios más que a Loysel. Sin embargo, poco a poco, comienza a expresarlos a otras personas, pero no a quien sea y no necesariamente todo.[174] El primero al que ha informado es naturalmente Napoleón III; ella le anuncia su misión divina y le explica que, con Loysel, los tres forman una *"Trinidad de Mesías".*[175] Después, es a la señora Loysel a quien anuncia su matrimonio con Maximiliano.[176] En seguida, provoca a toda una serie de personas para batirse en duelo y comienza explicándoles que se ha convertido en C. Loysel, oficial francés. Al final revela el 19 y 30 de mayo el conjunto de su universo delirante a tres personas de su entorno: la señora Moreau,

---

[173] Carlota escribe a Loysel, Tervueren, 6 de mayo de 1869, núm. 3.
[174] A algunas personas les fija citas para batirse en duelo, a otras les pide golpes de látigo, etcétera.
[175] Carlota escribe a Napoleón III, Tervueren, 8 de mayo de 1869.
[176] Carlota escribe a la señora Loysel, Tervueren, 8 de mayo de 1869 (con copia a Loysel).

la reina María Enriqueta y Leopoldo II. Esta elección no es casualidad, María Enriqueta es una de las raras personas en las que Carlota confía. ¿No es ella su *"ángel de bondad desde hace dos años"*?[177] Sin embargo, la relación es muy ambigua, porque Carlota acusa al mismo tiempo a *"la reina Spa"* de ser la causa de su prisión: *"Deseo salir del cautiverio al que me has sometido injustamente"*,[178] le escribe. Su relación con Leopoldo II es aún más compleja. Por un lado, desea para él un trono más digno[179] y halla que tiene *"la gracia francesa en el espíritu"*[180] (el más bello cumplido que Carlota podía hacer). Por otro lado, es él quien la priva del periódico y le impide salir lo que provoca a veces su cólera[181] y a veces comentarios llenos de humor: *"Propongo, escribe ella al general Douay, que incendie los establos de mi hermano porque, si los carros que están ahí no sirven más que para acarrear animales, no vale la pena tenerlos"*.[182] De hecho, solamente su hermano Felipe[183] escapa a toda crítica. No tiene para él más que palabras afectuosas: es *"el hombre*

---

[177] Carlota escribe a María Enriqueta, Tervueren, 1 de mayo de 1869 (con copia a Loysel).

[178] *Ibid.*, s.i.n.d. (1869). En efecto, fue la reina de los belgas la que transportó a Carlota de Miramar a Laeken, en julio de 1867.

[179] Carlota escribe a Loysel, Laeken, 25 de marzo de 1869 y 4 de abril de 1869.

[180] *Ibid.*, Tervueren, 10 de mayo de 1869, núm. 3.

[181] Carlota escribe a Leopoldo II, s.i.n.d. (1869), núm. 18.

[182] Carlota escribe a Douay, s.i.n.d. (1869), núm. 26.

[183] En una carta a Loysel afirma que su hermano Felipe es ahora parte de su nueva identidad. Carlota escribe a Loysel, Tervueren, s.d. (1869)

más encantador del mundo", que *"nunca fallará"*.[184] Con la excepción de Loysel, Felipe es el único con el que nunca tuvo risas nerviosas...[185]

Estas interminables elaboraciones delirantes (en ocasiones suman más de diez páginas) se repiten y se amplifican, derrapan y, después, se hacen añicos. La evolución de estas ideas fijas está marcada por diferentes crisis de depresión. De hecho, los temas se repiten hasta la exasperación. De cara a la ausencia de resultados, con el sentimiento de estar reducida a la impotencia, Carlota —exhausta— se hunde en un estado de depresión más o menos violento y no parece salir más que hundiéndose más y más profundamente en sus delirios. Así, es después de una crisis de melancolía que pasa de la idea de huida a la del duelo y del proyecto del fuete a los "fuetazos" reales. Sus accesos de melancolía son, sin duda, los pasajes más oscuros y patéticos de esta correspondencia. Cansada de esperar en vano, desesperada por el silencio de Loysel o llamando a la muerte para salir de su pesadilla, Carlota se debate en la noche de su cerebro. El 11 de mayo, por ejemplo, escribe a Loysel:

"Mi paciencia comienza a agotarse, sin duda también la suya. Sufro por Francia el mal del país, desearía estar ahí, desearía renacer ahí a la vida, porque convertirme en hombre es nacer otra vez. Desearía

[184] Carlota escribe a Loysel, Tervueren, 6 de mayo de 1869, núm. 3.
[185] *Ibid.*, 10 de mayo de 1869, núm. 7.

servir a su lado en el ejército, es el deseo de mi alma;
es, junto con la alegría de poseerlo a usted, la única
cosa que ambiciono en el mundo. Ser oficial francés es
el título más bello que podría portar. He renunciado a
mi pasado, a todo, he abandonado todos los bienes que
llamo riqueza, fortuna, nacimiento, los abandono sin
mirar atrás para adquirir esta perla, la más preciosa
de todas."[186]

Su amor sin objeto se desespera. Los grandiosos proyectos se desvanecen en la ausencia de Loysel. Carlota se encuentra de cara al vacío. Un vacío humano y sin fondo del que atestigua esta frase extraordinaria:

"Una vez que me despojaron de usted, mi corazón
quedó vacío y la pena me mata."[187]

Dos semanas más tarde, otra depresión le hace escribir de nuevo a propósito de la insoportable ausencia de Loysel:

"Deseo que usted me azote de inmediato, lo más fuerte
posible, para tener la cabeza de anciana que Loysel
me ha dado."[188]

Su pena y sufrimientos son tales que no ve más que a la muerte como liberación. Una muerte en la que ella

[186] *Ibid.*, 11 de mayo de 1869.
[187] *Ibid.*, 12 de mayo de 1869, núm. 8.
[188] Carlota escribe a X, quien probablemente es el doctor Delhaie.

no desee más. Una muerte que contenga toda su desesperación de vivir:

> "*Muero de pena. Ayer me hubiera precipitado volun-
> tariamente desde lo alto de un balcón en el parque. No
> me desesperan el tiempo ni las dificultades, solamente
> la impotencia. Ahora deseo abandonar esta vida (…)
> No deseo la vida más que para ser útil. Cuando sufro
> así, Nuestra Señora viene a mí (…) Después, cuando
> he luchado mucho, usted viene a mí, es su carta de hoy
> la que vino a reafirmarme, a consolarme (…) Loysel,
> máteme de todas las maneras, pero ayúdeme y ámeme
> siempre como yo lo amo.*"[189]

Carlota se derrumba. Todos sus deseos se deshacen
ante el muro despiadado de lo real. Impotencia. No
queda más que su necesidad de ser amada y pide auxilio… Un grito insoportable. Ahora, desde el fondo de
esta desesperación, monta en cólera. Rebelión contra
la nada y aspiración a vivir. Entonces encuentra una
explicación a su frustración, a la ausencia de Loysel,
al silencio de todos: ¡está sometida a una prueba preparada por el mismo Loysel! ¡Es él quien crea los obstáculos, incluso las tempestades, es él! Su propio grito
no lo puede reconocer. Apenas expresado, es de nuevo
negado. Probará su valentía, se mostrará digna de portar
un uniforme, estará a la altura… y la pluma de la emperatriz retoma los caminos delirantes de una vida

---

[189] Carlota escribe a Loysel, Tervueren, fecha ilegible, 1869.

imaginaria. El 22 de mayo, escribe a Charles Loysel la felicidad de haber encontrado un sentido a lo absurdo:

"En el capítulo de ser asesinada no me encontrará jamás en falta porque acepto todas las maneras en que se me dé muerte. Si desea lanzar bombas a mi paso, hacerlas explotar, poner líneas de pólvora en los muebles, de todo ello le estaré agradecida si me deja hacer lo que se le hizo al Virrey de Egipto, siempre y cuando usted me haga saltar en pedazos. Le daré un verdadero reconocimiento. Tuvo usted nuevas atenciones esta tarde, es por eso que lo amo cada día más porque veo en la naturaleza de los obstáculos que es usted quien los prepara y, entonces, en seguida me placen, es en ello que reconozco su origen. Chapoteé durante una hora en la avenida, toda una hora, ni más ni menos (…) y el lodo me salpicó hasta media pierna, pero vi que usted produjo el lodo y la lluvia, un poco más fuerte que ayer, para ponerme a prueba y ver siempre si me detengo, si me falta corazón o resolución o si el honor se agota. No, Loysel, no verá el final de estas tres cosas; creo que usted es alquimista y produce siempre más porque —a decir verdad— el capital es inagotable y, cuando veo crecer el capital, mi amor por usted crece en la misma proporción, mi fidelidad no trabaja más que para usted a cada instante del día y de esas dos cosas tampoco verá jamás el fin. Cada vez que me hago encajar su espada, me envía bendiciones y toda la que ha sido mi voluntad derramar ha hecho germinar el honor. Es de esta sangre que han venido las cartas que le he escrito. Si el general Douay me

envía su fotografía firmada aquí, no sé lo que pasará pero haré engalanar toda la mansión. Diga entonces a Détroyat que estuve toda una hora en la avenida que le fue designada para matarme. Sin embargo me percaté de que había olvidado llevar su carta. Procuraremos que no llueva en absoluto mañana y diga a Détroyat que venga con el mismo propósito que hoy (pero es necesario que esté usted íntimamente persuadido y positivamente instruido de que el general Frossard[190] estará a esa hora en París) porque este es el día en que le he invitado para, si él desea venir. El general Douay hará bien en dar de fuetazos con firmeza a la emperatriz de México por haber olvidado su carta en el cajón porque es por eso que C. Loysel no la tenía en su bolsillo para anular su matrimonio cuando Détroyat vino a matarle. Quizá es por eso que hizo llover, que toda la naturaleza tuvo esta patética apariencia; voy a azotar a la emperatriz de México con la mano de C. Loysel tan pronto me sea posible, pero el general Douay, como evidentemente, es general de división, lo entenderá mucho mejor. Diga entonces una vez más a Détroyat que si usted tiene la seguridad, puesta entre paréntesis, telegrafíe a sus amigos secretamente para

[190] Charles-Auguste Frossard (1807-1875). General francés que realizó la campaña de Bélgica en 1831. Sirvió en Argelia de 1834 a 1838. En 1858 fue nombrado general, comandante en jefe de la ingeniería militar del ejército italiano, después asistente de campo de Napoleón III. Apreciado por el emperador fue escogido el 18 de marzo de 1867 como guardián del príncipe imperial, de once años de edad. En 1870 fue hecho prisionero. La República, poco rencorosa, le hizo presidente del Comité de Fortificaciones y miembro del Consejo Superior de la Guerra en 1874.

saberlo sin que lo sepa el general Frossard y tenga cuidado de que la información sea exacta o lo mataré (sic), que venga mañana por la noche porque me acabo de percatar que mañana es el cumpleaños de Van der Smissen y por todas las confusiones que acabo de ocasionar río tanto que me desternillo. Procure que esto le haga un poco de gracia a todos y yo me acostaré. Es por todos ustedes que soy tan feliz.

Que Dios lo bendiga, Loysel, y buenas noches,
C. Loysel
Teniente-Coronel del Estado Mayor"[191]

*

Todo este universo mental revela en Carlota un problema importante de identidad. Las nociones de masculino y femenino son extremadamente vagas. Eso se refleja, por ejemplo, en los matrimonios que organiza entre varios hombres. El fenómeno de desintegración es aún más evidente en las notas sin fecha que dirige al general Douay. En ellas las fronteras prácticamente desaparecen. Escribe, por ejemplo, a propósito de Napoleón: *"Padre de sexo femenino, el emperador Napoleón, tiene dos hijas: Magenta y Solferino".*[192] Acerca de Van der Smissen: *"Segundo Cristo de las mujeres, Van der Smissen, porque desea que todo el mundo tenga faldas".*[193]

[191] Carlota escribe a Loysel, Tervueren, 22 de mayo de 1869, núm. 6.
[192] Carlota escribe a Douay, s.i.n.d. (1869), núm. 83.
[193] Carlota escribe a Loysel, Laeken, 25 de abril de 1869; *Cfr.*, infra., p. 134.

Pero es ante todo de cara a ella misma que el problema es profundo y complejo. Carlota desea convertirse en hombre y oficial, porque *"ser hombre es renacer una segunda vez"*. Sí, Carlota desea vivir. Para ella, ser mujer no permite existir verdaderamente, libremente, con la cabeza en alto. La mujer es la impotencia. Es no haber podido impedir el hundimiento del imperio mexicano. Fracaso. Es haber limpiado los cambios de humor y las infidelidades de su esposo.[194] Humillación. No es poder acceder a la valentía, al honor y a la gloria, como lo pueden hacer los militares. Indignidad. En síntesis, ser mujer es igual a no existir... Ahora, desde el fondo de sus pesadillas, que se repiten sin cesar, se eleva su desesperación por vivir. *"Deseo ser hombre"*. Libertad loca para merecer ser dueña de tomar sus propias decisiones. Mérito, la palabra ha escapado. Carlota porta su nacimiento privilegiado como una traba. Nació demasiado alto. Estos títulos no tienen valor, inmerecidos. Es por eso que sueña con conquistar su propia dignidad a través de la admiración del mundo, de victorias clamorosas, la gloria de los combates peligrosos. Rechaza su pasado como se rompe una cadena. Rechaza su nacimiento como se retira un traje demasiado ajustado. Renuncia a privilegios que la encierran para, al fin, merecer su propia vida... De inicio tiene perfecta conciencia de lo que es y es ciertamente ella la que renuncia a todo eso para cambiar de sexo:

[194] *Idem.*

"Borro mi pasado, escribe el 4 de mayo. *El C. con que firmo las cartas es vuestra inicial, Charles Loysel, y no Carlota, que ha abdicado y ha muerto, que ha arrojado todas las coronas, que no desea tener más que vuestra propia sangre, la de vuestros padres, sin mezcla alguna de los suyos porque en ella permanecerán ciertas pretensiones del pasado y los Loysel y los Bonaparte no deben tener más que el porvenir."*[195]

Sin embargo, al mismo tiempo, no cesa de referirse a su pasado, a sus ancestros, a sus títulos. Lucha delirante hacia una libertad imposible. La emperatriz permanece prisionera de su propia oscuridad. Se siente encerrada y vacía pero sueña todavía y siempre con ser ella misma. Este agotador combate interior está simbolizado en estos extraños y patéticos términos: *"El prieto y el huero"**: Loysel y ella son el sacerdote y el héroe de sus delirios, de sus aspiraciones de vida… Loysel y ella son también el "estrecho" y el "hueco", si permanecemos fieles al significado español de esos dos adjetivos. Carlota escribe el 18 de mayo:

"Envíe estas dos copias al emperador Napoleón y pídale que se las restituya. Se espera que el prieto se lo comunique al huero, que los señores de la facultad se contenten con tantas bendiciones y dejen, de ahora

[195] *Ibid.,* Tervueren, 4 de mayo de 1869, núms. 1 y 4.
*Nota del traductor: De nueva cuenta se confunden estos términos que hacen referencia sólo al color oscuro del cabello de Carlota y al rubio de Loysel, en el habla coloquial del mexicano.

en adelante, al prieto y al huero del todo tranquilos y libres para ejercer la vocación que Dios les ha confiado junto a Napoleón III, de los cuales uno está a su derecha y el otro a su izquierda, porque cuando se toca al prieto también el huero padece. Se cree que Napoleón III les bendecirá también... (ilegible) "los bendigo, hijos míos y los uno, el prieto y el huero, en el nombre del Padre, del Hijo y del Espíritu Santo. Amén. Los bendigo, hijos míos, los dos Napoleón I, emperadores de México hijos de Francia y primeros príncipes franceses, generales de división, comandantes en jefe, Gran Cruz de la Legión de Honor, condecorados de la medalla militar, en el nombre del Padre, del Hijo y del Espíritu Santo. Así sea. Amén. Le pido a Napoleón III ratificar esta bendición, poner aquí su insigne firma que ha cerrado el purgatorio y el infierno así como salvado tantas veces a Francia y al ejército francés.

Así Será
Napoleón III
Y pronto
Napoleón III
En el mes de julio
Napoleón III
Loysel, el rubio, guardará sin espada
Napoleón III
Yo lo amaré
Napoleón III
Francia lo amará
Napoleón III
Y él salvará a Francia

Napoleón III
Y al ejército
Napoleón III
Y al mundo
Napoleón III
Loysel el moreno guardará su espada
Napoleón III
Salvará a Francia salvando al mundo
Napoleón III
Y a mí
Napoleón III

El prieto *no puede firmar tras un nombre tan grande.* *Abraza* al *huero y lo desposa.*

C. Loysel
Teniente Coronel del Estado Mayor[196]

Desgarramiento incesante. Contradicción jamás dejada atrás. Carlota vive en la ambigüedad puesto que, por una parte, siente que vive en ella un hombre, su alma es la de un oficial[197] del ejército pero, por la otra se da plena cuenta de que su apariencia, ligada a su pasado, continúa siendo en gran medida la de una mujer:

"Regresando a las mutaciones físicas, verá usted una vez más cómo es necesario que me transforme en un hombre en el número 8 de la calle San Juan

[196] Carlota escribe a Loysel, Tervueren, 18 de mayo de 1869, núm. 8.
[197] *Ibid.*, 14 de mayo de 1869, núm. 1.

Bautista[198] con el fin de no tener más qué aprender de los hombres en general en lo que concierne al cuerpo ya que, mientras continúe siendo mujer siempre habrá posibles violencias y el futuro del mundo no estará asegurado completamente más que con mi cambio de sexo que tendré lugar en París en las próximas veinticuatro horas. Tendré así, en mi existencia, una humanidad análoga a la de la Santa Virgen en su primera parte y análoga a aquella de Cristo en la segunda. Como en la primera parte he sido como las mujeres y las soberanas del mundo, en la segunda seré completamente militar y el oficial encarnado".[199]

Carlota no llega a resolver esta tensión interior. A partir del 22 de mayo, asistimos a una verdadera caída en el abismo en la cual *"la emperatriz Carlota"* se nos presenta como una tercera persona. Nos anuncia, por ejemplo, que *"va a fuetear a la emperatriz con la mano de Loysel".[200]* Ella llegará a hablar de la *"locura de la emperatriz"[201]* o incluso afirmará ignorar la existencia de la Princesa Carlota de Bélgica:

"Mi querido Loysel:

C. Loysel acaba de decirme que nos ha sido enviada una carta para que se la hagamos llegar y que cree que

[198] Dirección de Charles Loysel en París.
[199] Carlota escribe a Loysel, 5 de mayo de 1869, núm. 2.
[200] *Ibid.*, Tervueren, 22 de mayo de 1869, núm. 2.
[201] *Ibid.*, 18 de mayo de 1869.

es de la princesa Carlota de Bélgica. Eso me sorprende porque no sabía que había una princesa Carlota de Bélgica. Le expreso mi más profundo asombro. No sé que es lo que ella le puede pedir, pero esto es lo que deseaba decirle. Venga de incógnito al parque de Tervueren y ordene que en secreto me sean dados, por diez cazadores a pie, cien golpes con un palo cada uno. Esto es estrictamente confidencial.

La emperatriz de México"[202]

¡Finalmente no se sabe dónde está una!

Su relación con los médicos[203] nos proporciona algunos elementos. Primero, Carlota se levanta contra ellos porque la acusan vergonzosamente de estar loca lo que es completamente falso, escribe a Napoleón III: primero, si desean confirmarlo, no tienen más que hacerla examinar por un médico de Charenton.[204] Encuentra a los médicos inútiles y completamente idiotas porque todavía intentan hacerle comprender que la emperatriz de México y C. Loysel no son más que una sola persona: ella. ¡Claro, exclama Carlota! Ella sabe bien todo eso, porque es ella la que ha decidido este cambio. ¡Es por su voluntad que la emperatriz no existe más! El 25 de mayo le cuenta a Loysel:

[202] *Ibid.*, 23 de mayo 1869, núm. 2.
[203] Hasta mediados de mayo de 1869 Carlota no habla nunca de sus médicos. Después, dos de ellos, los doctores Delhaie y Vermeulen, serán mencionados con más frecuencia.
[204] Carlota escribe a Napoleón III, Tervueren, 18 de mayo de 1869.

"Muestra una escritura idéntica a la de la emperatriz de México y afirma[205] que sí, efectivamente, recibió el desafío a duelo para el 17 de junio a las seis
horas menos cuarto, el desafío de la emperatriz de
México era a las seis horas y media, firmada C. Loysel,
teniente coronel del Estado Mayor. "Bien, les dije, C.
Loysel, teniente coronel del Estado Mayor, soy yo y
aquí ya no está la emperatriz de México. Si mi colega
en Bruselas no me envía un uniforme (el hábito no
hace al monje) soy C. Loysel de Tervueren, teniente
coronel del Estado Mayor" (ilegible) estos doctores son
causa de toda la pérdida de tiempo por repetir siempre
la misma cosa desde hace tres años; podían haberse
ya dado cuenta de que eso no lleva a ninguna parte
(...) Por primera vez en 29 años yo soy yo y ese "yo"
se llama C. Loysel, el prieto amado, teniente coronel
de Estado Mayor."[206]

Dicho esto, el 30 de mayo escribe al doctor Delhaie:

[205] Alphonse Vermeulen, nacido en Amberes en 1839, fue estudiante
de medicina en la Universidad de Lovaina. En 1864 fue reclutado en el
cuerpo expedicionario belga a México, y al año siguiente, en octubre de
1865, fue expulsado del hospital militar por abuso de confianza. Pasó a la
guardia rural de Puebla, y en enero de 1867 se convirtió en subteniente.
Participó en la defensa de esta ciudad, en septiembre de 1867. *Cfr.* A.
Duchesne, *L'expedition des volontaires belges au Mexique*, t. II. Bruselas,
1969, pp. 434 y 756.
[206] Carlota escribe a Loysel, Tervueren, 25 de mayo de 1869, núm. 1.

"Venga esta tarde a mi habitación, entre las siete y media y las ocho, y azote a la emperatriz de México, despedácela que no quiere serlo más."[207]

¡Y se sumerge de nuevo!

*

Este tercer período es por mucho el más rico. Es una verdadera explosión delirante en la que Napoleón III es el Padre y Maximiliano se ve eliminado para beneficio de Loysel que se convierte en el foco de todas las fantasías eróticas, megalómanas y místicas. Estas fantasías están profundamente marcadas por su educación, el espíritu de la época y sus vivencias. México está siempre presente: el deber, la gloria y el mérito también. Hasta junio de 1869, los delirios de Carlota permanecen relativamente comprensibles.

Ignoro por qué esta correspondencia termina de una manera tan brusca. ¿Realmente Carlota cesó de escribir a Loysel? ¿Las cartas fueron perdidas, destruidas o conservadas en otra parte? De cualquier manera, las innumerables notas sin fecha[208] parecen ser la continuación inmediata de la correspondencia a Loysel. En efecto,

[207] Carlota escribe a Delhaie, Tervueren, 30 de mayo de 1869 (con copia a Loysel).

[208] Hay 90, de las cuales 64 están dirigidas al general Douay, 10 a "El Emperador San Claudio" (Napoleón III), 6 a Charles Loysel, 5 al "Rey Bruselas" (Leopoldo II), tres a la "Reina Spa" (María Enriqueta) y dos a Van der Smissen.

todas están firmadas "C. Loysel, teniente coronel del Estado Mayor" y en ellas se encuentran temas idénticos a aquellos de las cartas o detalles como el gozo de recibir de nuevo el periódico. Sin embargo, estas notas son muy difíciles de entender y de interpretar. Qué quería decir cuando escribe:

"El diablo ha sido visto aquí con cola de ardilla, si nosotros trepamos en un árbol para después correr y el ejército belga, en forma de liebre, le propongo jalarlo por arriba porque todavía corre."[209]

"Espada de Bayard y de Juana de Arco, yo, porque es a causa de eso que el diablo no se hace gemelo mío ni del general Brincourt y que yo pospongo todos los días los asaltos de Inglaterra y de España. Espada de Turenne y de Vauban, Napoleón III, porque será la causa de que tomemos Amberes."[210]

"Padre de todas las espadas existentes, de los duelos y de los muslos, Loysel, porque es mi Padre, segundo padre de los muslos y de los duelos, el doctor, porque él ve siempre los míos y es por él que supe que Loysel está en Bruselas."[211]

"Pido ser restituida, Détroyat, si es que me quiere hacer atravesar de nuevo el océano con el fin de que

[209] Carlota escribe a Douay, s.i.n.d. (1869), núm. 1.
[210] *Ibid.*, núm. 6.
[211] *Ibid.*, núm. 7.

seamos dos negros, pero no sé qué ganará Francia con eso."[212]

"Solicito que el Mayor se haga gemelo del perro de mi hermano para que Bélgica no cese todavía o con los conejos de indias para que la lleve a pastar."[213]

¿Se hundiría Carlota aún más en el abismo de la locura? y ¿este abismo sería tan profundo que nosotros no podremos alcanzar más que algunos fragmentos incoherentes?

[212] *Ibid.*, núm. 48.
[213] *Ibid.*, núm. 76.

Epílogo

En el plano clínico, varias características se desprenden de esta correspondencia.

El universo mental de Carlota está centrado en un núcleo delirante que evoluciona y se transforma alrededor de ideas fijas que no revela a cualquiera. Esto quiere decir que, fuera de este núcleo, la vida se puede desarrollar normalmente.[214]

Los delirios son sistemas perfectamente rígidos en los que reina la lógica de la incoherencia. Carlota puede explicar sus divagaciones de manera racional. Desde ese momento, es imposible poner en duda ese universo, todo se sostiene.

---

[214] A. Duchesne, "Une année de la vie de l'Imperatrice Charlotte (1867-1868)", en *Cahiers Historiques*, serie VII, núm. 3, 1972, pp. 85-120. En su correspondencia, Clotilde de Bassompierre, dama de compañía de Carlota, de 1867 a octubre 1868, expresa su admiración ante la vasta cultura de Carlota y la perspicacia de su juicio.

Encontramos, a la vez o sucesivamente, el sentimiento de persecución (se siente en peligro), la megalomanía (ella es el centro del mundo) y los delirios místicos (recibe su misión de Dios mismo). El todo entrecortado por crisis de depresión suicida.

La erotomanía. Todas las relaciones que se imagina tienen una conexión con lo erótico. De hecho, los otros no tienen ninguna consistencia real, no existen más que a través de palabras, en su imaginación. Es un repliegue en sí misma que se combina con una despersonalización y que se acompaña de comportamientos masoquistas.

Todas estas características son las de la psicosis paranoide. El origen de esta enfermedad permanece como un misterio para la ciencia actual. La neurobiología no ha probado nada todavía y, por tanto, se enfrentan diferentes teorías. Cuestión de la estructura del sujeto, afirma la escuela Freudo-Lacaniana. Estructura innata, es decir sin relación con lo real, pero que los sucesos reales[215] hacen caer en la patología. Narración de una historia traumática real, afirman otros psicoanalistas o psicoterapeutas como M. Balmary,[216] A. Miller, etc. La verdad de la locura sería entonces "un grito de vida en la vida imposible"[217] y el delirio, un intento de decir lo que jamás se ha podido decir.

[215] Es lo que se llama "elementos desencadenantes". En el caso de Carlota son las negativas determinantes de Napoleón III y después del papa.

[216] M. Balmary, *L'homme aux statues. Freíd et la faute cachée du pére*, París, Gesset, 1979.

[217] M. Bellet, *L'épreuve*. París, Desclée de Brouwer, 1988, p. 77.

*

No me permito aventurarme en una explicación psiquiátrica, que no es de mi competencia. Por el contrario, deseo puntualizar ciertos elementos que no carecen de interés. Primero, la ausencia de los padres en este universo psicótico. Carlota prácticamente no habla de su madre y rara vez de su padre, Leopoldo I. Cuando este último es evocado, siempre es de una manera vaga, aunque positiva. Es, de hecho, reemplazado por un padre imaginario: Napoleón III. También las personas de su entorno se mencionan raramente. La reina María Enriqueta cuya disposición a ayudarla no tiene fallas; Julie Doyen, a quien ve todos los días, incluso sus hermanos no tienen en sus delirios más que papeles secundarios. Sin embargo, a lo largo de su enfermedad, Carlota está muy acompañada. La familia real hizo todo lo que pudo para tratarla y para asegurarle una vida decente. Infortunadamente, en esa época la psiquiatría no entendía mucho sobre esta enfermedad y no disponía de los medicamentos adecuados. Los médicos intentaron hacer razonar a la emperatriz y no lograron hacerla salir de sus pesadillas.

De hecho, la obsesión de Carlota es el fracaso mexicano. La omnipresencia de México y de las personas que ahí conoció. La precisión de sus recuerdos y de las fechas clave es absolutamente notable. Incluso en lo más profundo de su delirio, guarda una perfecta conciencia de que debe su trono a Napoleón III y de que gobernó bien a México en la ausencia de Maximiliano. Sabe también que ese trono servía a los intereses de

Francia. Sabía incluso del papel de Napoleón III en la caída del imperio… pero Carlota es incapaz de guardarle rencor. El resentimiento contra el emperador de los franceses se transforma en deseo de servirle y su amargura ante Francia en amor idólatra. ¡Napoleón III, un gran nombre! Francia, el país de la condesa de Hulst, su institutriz y de su amada abuela, la reina María Amelia. El país de su madre Luisa María, quien murió demasiado pronto… Imposible implicar a Francia. Imposible también aceptar el colapso de México y la muerte de Maximiliano, aunque reconozca el fracaso de su matrimonio, fracaso que borra rápidamente al reemplazarlo por un matrimonio imaginario con Loysel. Acerca de este matrimonio, escribe el 24 de abril:

"Hechas las declaraciones en forma, como yo soy la parte que desposa, las debo hacer para que usted juzgue. Como usted es el segundo esposo, le buscaré de la manera en que los hombres buscan a aquellas con las que se desean casar. No le diré todo lo que los hombres dicen porque creo que no piensan ni la mitad, pero todo lo que le digo es verdad y le puede considerar evangelio. Conservará todos sus grados de servicio hasta e inclusive el día que se convierta en General de División. Es su honor capitalizado, no lo desposaré sin esa dote. Yo no tengo ninguna, pero usted es el segundo y usted la debe aportar, no se debe desposar sin dote, porque no sería leal."[218]

[218] Carlota escribe a Loysel, Laeken, 24 de abril de 1869, núm. 1.

Alude, aparentemente, a las sórdidas negociaciones entre el ávido Maximiliano y el rico Leopoldo I previas al matrimonio de Carlota.[219] Si se añade a eso el fracaso de su vida conyugal ¿no dice mucho este texto sobre lo que Carlota vivió con el archiduque de Austria?

La importancia de Charles Loysel en el universo de Carlota permanece como un enigma. Nada le destina a convertirse en el elemento central de los delirios de la emperatriz excepto, quizá, su nombre.[220] Ignoro el elemento preciso que ha desencadenado esta correspondencia. Cierto que los primeros signos de locura se manifestaron dos años atrás, de cara al abandono de Napoleón III y después del Papa, lo que significaba ineludiblemente el fracaso mexicano. Sin embargo, el estado mental de Carlota parecía mejorar. La muerte de su sobrino, el conde de Hainaut, en enero de 1869, debió afectarla. Pero ¿hasta qué punto? Es difícil decirlo. En varias ocasiones hace alusión a una revelación que tuvo el 10 de diciembre de 1868, de acuerdo con la cual Napoleón III envió a Charles Loysel y a otros ocho oficiales franceses a Bruselas para liberarla. Es el punto de partida de esta correspondencia delirante. Pero ¿cuál es el origen de esta revelación? Misterio.

Todas estas cartas están impregnadas de los principios educativos inculcados desde la infancia. Carlota

---

[219] Maximiliano parecía dar más importancia a la dote que a la persona de Carlota. *Cfr.* M. Kerckvoorde, *op. cit.*, pp. 47-49.

[220] El parecido entre el nombre de Charlotte y el de Charles Lo(ysel) es sorprendente.

está oprimida por los principios austeros de su padre, como el deber de servicio, de estar a la altura, de juzgarse, de perfeccionarse. Está atemorizada por su educación religiosa dominada por un Dios Juez y Todopoderoso a quien los príncipes deben rendir cuentas por la misión que les ha confiado en la Tierra. Principios absolutos, interpretados al pie de la letra, hacia los que ella se dirige con todas sus fuerzas para tener el derecho de existir. Principios inaccesibles en los que ella intenta apoyarse, pero que en cambio la asesinan. Porque Carlota no estará nunca a la altura de los principios paternos. Culpa. Nunca su aspiración a la vida encontrará lugar. Nada. Nada más que la locura le resta para rechazar esta muerte interior, para vivir todavía. ¿Vivir? Callejón sin salida tan insoportable como insuperable... Esta educación, sin embargo, no tiene nada de extraordinario: era la común en gran parte de la alta sociedad del siglo XIX. Los delirios de Carlota se muestran, entonces, como testimonio de los valores de su época, de los ideales que esos valores pueden crear, pero también de los escollos a los que a veces conducen.

En su juventud, Carlota buscó obstinadamente la perfección moral y espiritual. Esta búsqueda tenía algo de dramático ya que estaba salpicada por momentos en los que se veía a sí misma como malvada,[221] sin valor, inexistente. Para sobrevivir se encerrará en el orgullo: Carlota se convierte en una joven altiva y distante.

---

[221] M. Kerckvoorde, *op. cit.*, pp. 26-28.

Frágil defensa para afirmar su derecho a la existencia. Barrera necesaria para esconder su agonía psíquica, su muerte. La aventura mexicana fue para ella la oportunidad de encontrar finalmente esta perfección, de mostrarse digna de su nacimiento privilegiado, de merecer sus títulos. Su fracaso fue la destrucción insoportable de un sueño: el de existir.

En el transcurso de su enfermedad, Carlota hace realidad, en el plano de lo imaginario, todos sus ideales inaccesibles. Se puede ver ahí su profunda generosidad, su espíritu social, su gusto por la verdad, su carácter sólido y enérgico. Sin embargo, incluso dentro de su locura, los curiosos actos de lucidez muestran lo fútil de su búsqueda y la inmensidad de su soledad.

Carlota permanece prisionera. Ha negado la insoportable realidad y ha inventado un porvenir fantástico; la sensación de encierro vuelve, cada vez más angustiante. Estribillo obsesionante y desesperante. Carlota escribe para escapar del mundo que le rodea y no hace más que huir de ella misma. Escribe para existir, pero ella no está ya. Inútiles trazos de tinta de donde se eleva un grito mudo. Tinta negra como la noche que la consume. Su pluma alocada busca en vano una palabra de vida, pero no traza más que palabras muertas en el papel del silencio...

"Pluma del mundo mío, porque no hago más que escribir".[222]

---

[222] Carlota escribe a Douay, s.i.n.d. (1869), núm. 8.

Situado en la provincia de Brabante, el castillo de Tervueren, residencia de los
duques de Brabante en los siglos XIV y XV. Construido por Leopoldo II,
hermano de Carlota, es actualmente el Museo Real de África Central.
Carlota vivió en él desde 1869 hasta 1878, cuando un incendio
provocó su traslado nuevamente a Laeken.

Anexos

arlota escribe a Napoleón III, Laeken, 20 de marzo de 1869.

Señor:

Ahora más que nunca no cuento con nadie más que vuestra majestad, Acaba de pasar un mes desde que envié mi última carta en la que usé tentativas de todo género, pero vuestra majestad es el único que puede hacerlas tener éxito y lo hará. Para ello recurro a su corazón, a su poder, a la fuerza de su brazo que debe liberarme cuando el universo me abandona. Vuestra majestad es el jefe de la humanidad, ante ella no está sólo Francia sino el mundo que espera su salvación; Francia y el mundo no tienen en definitiva más que un solo porvenir. Vuestra majestad, sucesor de aquel que al día siguiente de la revolución francesa abrió al género humano nuevos horizontes, es llamado a una obra más augusta aún que la de su predecesor. Ya ha cumplido la parte más ardua, la más difícil. Dios le ayudará a cumplir con el resto. Pero lo que el infierno ahora vencido había osado intentar, lo hizo cuando nos separó de ella, nosotros que no queríamos y no hicimos más que cooperar con toda nuestra fuerza en sus grandes designios. Su majestad puede romper ese encanto fatal acabando con el mal en su origen mismo. Su poder no será menor sobre los efectos. Se nos encierra todos los días en una redecilla cuya oscuridad estrecha las mallas para que de allí salte nuevamente un ataque y la revuelta contra el trono de vuestra majestad. Mi bienamado emperador está en Inglaterra, rechazado violentamente fuera de la órbita de Francia. Le he escrito dos veces; no me asombra que sus respuestas no lleguen a penetrar el atrincheramiento de que estoy rodeada. Yo, siempre aquí, hasta ahora he hecho esfuerzos inútiles por llegar hasta su enviado, el señor Loysel, cuyo nombre y dirección conozco ahora. Nada de esto hace vacilar mi esperanza, más bien la hace crecer con el peligro. Por ahora tienen como objetivo el hacerme enfermar; he recibido la visita de dos médicos enviados por mi hermano, uno de ellos del todo desconocido. Los dos descaradamente, estando yo en plena salud, osaron proponerme unos remedios. Yo sé bien a donde conducen estas enfermedades, suposiciones de un estado nervioso u otro. Si esto no fuera más que para causarme la muerte me sometería con gusto, pero tienden a algo peor que eso. Tienden a hacer de mí lo que Dios no quiere y yo tampoco: separarme eternamente de mi esposo y de vuestra majestad. Prefiero cien veces la muerte que su cobardía rehúsa sin cesar darme cuando, la mentira y la trampa en la boca, quieren volver mi ser contra la humanidad, contra Francia y contra la justicia que ella representa. Esta justicia está armada con la espada e inclina la balanza. Pero esto no es todo. Habiendo escrito el 18 al ministro de vuestra majestad en Bruselas para probar si podía obtener ayuda y protección, me contentaba naturalmente con solicitarle una entrevista ordinaria. Luego, una media hora después, vino un tipo de viejo oficial flamenco, debo decirlo, altamente indigno de un uniforme que comanda el castillo y se lleva furtivamente mis tijeras, cuchillos, etc., y hasta mi corta- papeles de lujo en bronce dorado, diciendo que tiene orden de mi hermano. Mi indignación por esta violencia tan baja de forma indirecta obtuvo la restitución de estos obje- tos. He ahí, señor, los procedimientos de que soy objeto en el palacio de mi padre, mismo que habitó la madre de vuestra majestad, pues que vuestra majestad, como yo, es hijo de una reina francesa. Recurro a este título a esta igualdad de origen para solicitar de vuestra majestad sal- vaguardar en mí la dignidad de una corona que actual- mente ya está desprovista de territorio pero no es menos digna que la suya y está íntimamente unida a la gloria y al porvenir de Francia. El señor Loysel indicará a vuestra majestad mis últimos intentos de huida. No hay nada que yo no haría fuese esto ir a pie de aquí a Bruselas, pues mi hermano me rehúsa los carros y el parque está lleno de soldados y de cerrojos.

Soy, señor mi hermano, de vuestra majestad,
la buena y fielmente amorosa hermana.
Carlota.

Carlota escribe a Napoleón III, Laeken, 29 de marzo de 1869.

Señor:

Al enterarme de que el señor Loysel vuelve esta tarde a Bruselas, suplico a vuestra majestad, sin indicar nada más en la fecha, que ordene mi salida inmediata. Aquí se urden sin cesar tramas que me llenan de temor pues amenazan la preciosa existencia de la emperatriz, esposa bienamada de vuestra majestad. Hago lo que puedo —por el compromiso con vuestra majestad y por ella— para hacerlos fracasar, pero lo que no puedo evitar es la pérdida de tiempo que renueva todos los días estas asechanzas que de continuo están renaciendo contra la bondad y grandeza de vuestra majestad. Usted sabe, sus dos majestades pueden estar persuadidas de ello, que tienen al emperador cuando reaparezca y a mí, desde el momento presente, a su disposición. Que queremos sacrificar todo al deseo de sus hijos y rodearlos de nuestros esfuerzos más fieles y más dedicados.

Soy con respeto, señor, de vuestra majestad,
la buena hermana e hija amorosa.
Carlota.

Carlota escribe a Loysel, Laeken, 23 de abril de 1869. Núm. 2.

Loysel, debo decirle, con toda la sinceridad que utilizo con usted, que si consiente en tener por esposo a un hombre en lugar de una mujer es al emperador a quien Dios ha destinado la esposa de usted y es por ello que usted la había desposado. Todos los matrimonios a unir y a deshacer lo son por las llaves de San Pedro, sobre la Tierra como en el cielo, pero lo que el hombre ha unido Dios puede separarlo. Me he dirigido con este fin espiritualmente al Papa por todos los que tenían necesidad de ello, especialmente los oficiales franceses y no hay uno de ellos que esté en Bruselas que no esté en este caso. Todos serán libres de contraer nuevas uniones y si Magnan quiere dejar a su esposa para mi hermano Felipe, para que sea el segundo jefe de Napoleón IV, es él a quien Dios la ha destinado y es éste también el objetivo que él ha ido a buscar a Rusia. Yo lo bendigo por ello desde lo más profundo de mi alma y pido a Dios que les bendiga al uno y al otro por lo que han hecho. Mi hermano Felipe ha sido el bienamado de mi vida. Obtuve para el general Brincourt a la señora Garcin que también está desligada, espero que él esté contento por ello. Ya había hecho bendecir a la mujer que él tendría sin saber que esto sería un hecho. Yo no los escogí sino que es Dios quien hace estas cosas y yo las he cumplido todas en espíritu. La señora E. Marechal, porque tal es el nombre que ustedes tomaron aquí, se casará con el príncipe Napoleón Charles Bonaparte puesto que yo me ocuparé naturalmente de todo, en especial de los Bonaparte. Por el nombre tan grande de Napoleón, nosotros tendremos la bondad de Napoleón III y la de Napoleón I que juega en el cielo el mismo papel soberano y soberanamente militar que Napoleón III, su sucesor en la Tierra. Entre paréntesis, que uno esté con el ejército francés del cielo y el otro con el de aquí abajo es lo que impide el fin del mundo, pues sin el de lo alto descenderían todos y sin el de aquí abajo todos subirían allá. Como Napoleón I del cielo se digna igualmente (como Napoleón III), a escuchar mis demandas, espero haber satisfecho a uno y otro tanto en los asuntos del cielo como en los de la Tierra. He pedido al del cielo que se dignara adoptar a todos los grandes hombres de Francia, tanto de su tiempo como de antes. Finalmente no hago más que eso y veo que él consiente todo. He conducido hasta él a todos los reyes y emperadores, a los Papas, y todos se arrodillan ante él y quieren que los haga sus hijos. He visto las banderas de todas las victorias, he visto aquellas que llevaremos nosotros y él se ha dignado entregarme una donde el nombre vengado de Waterloo estaba escrito en letras de fuego. Debo decir al general Brincourt que Chihuahua[223] está en letras grandes, muy negras, en una de las banderas que rodean a Napoleón. Napoleón tomó la bandera de San Lorenzo[224] y protegió con ella la cabeza del mariscal Bazaine; tomó la bandera de México y protegió

[223] Chihuahua fue ocupada por los franceses en agosto de 1865 para poner a Juárez fuera de México. Bajo la presión de Estados Unidos, el general Brincourt tuvo que abandonar la ciudad en noviembre de 1865, *Cfr.* Ch. Balanchot, *op cit.*, pp. 353-360.

[224] San Lorenzo es una victoria francesa que preparó la toma de Puebla el 19 de mayo de 1863.

con ella la cabeza del mariscal Forey. Yo buscaba la bandera de Texas porque fue mi padre quien la donó a Magnan y Magnan me la trajo. Abajo estaba escrito: "revancha del 5 de mayo".[225] A continuación, estuvo un desconocido, se cree que llevaba por nombre M. E. Marechal, quien estaba en el puesto de Josefina en la coronación y que yo coroné. Napoleón tomó la espada de Duguesclin y se la ciñó, tomó la de Bayard, me la trajo y me dio la bandera de Juana de Arco, que era tricolor. Todo el ejército francés la bendijo con las manos extendidas, yo no decía nada, él lo hizo por sí mismo, él tenía una corona de laureles suspendida. Yo pedía: "Oh padre mío, ¿a quién la destinas?" A todos —respondió Napoleón. A todos los he visto de rodillas ante él, miles de uniformes. Me permití pedirle que llamara a Napoleón III quien por modestia no se presentó. Napoleón III se arrodilla también y Napoleón I le pone la mano sobre la espalda con visible ternura, llamándolo su hijo. No me atrevo a relacionar todo lo que hacía M.E. Marechal con Napoleón I pues creo que él le hablaba al oído e hizo tantas cosas que yo encontraba que le faltaba al respeto por la gran familiaridad que utilizaba con él. También pedí a Napoleón que hiciera a mi padre francés y lo hizo, yo lo vi después con el uniforme francés sobre el pecho y ello me hizo, Dios sea alabado, francesa de padre y de madre pues se naturaliza en el cielo tanto como en la Tierra. Yo me hice dar la calidad de francés esta vez como hombre por mi abuelo y él me bendijo como tal entre el conde de

[225] El 5 de mayo de 1862 los franceses sufrieron una derrota sangrienta en Puebla.

París[226] y el duque de Chartres,[227] pero declaré al conde de París que no sería rey de Francia con él, si soy hija de Lis no quiero estar más que al pie del águila de Napoleón III. Mi padre envió la bandera de Bélgica a mi hermano, ya no la hubo en el cielo, ya no la habrá pronto en ninguna otra parte, entonces se habrá cumplido mi primer tarea. La bandera de Iturbide[228] es él quien la tiene. La de la República es de Juárez en México y la vi en su mano. La bandera del Imperio Mexicano la puse primero allá en lo alto en la mano de M. Gutiérrez,[229] después se la envié al emperador a Londres y allá está ahora. Hice armar al duque y a la duquesa de Montpensier[230] reyes de España

[226] Louis-Philippe d'Orléans (1838-1894), hijo mayor de Ferdinand, duque de Chartres, que aspiraba a la corona de Francia, era primo alemán de Carlota.

[227] Robert d'Orleans (1840-1910), segundo hijo de Ferdinand, hermano del conde de París.

[228] Agustín de Iturbide (1783-1824). General y hombre del Estado mexicano, nacido en el seno de una familia de la aristocracia criolla, realista. Combate los movimientos independentistas de Hidalgo y Morelos de 1810 a 1815. El carácter liberal y anticlerical del régimen español, que nació en la Revolución de 1820, impulsa a los realistas mexicanos a buscar la independencia. Iturbide la impone y proclama la independencia de México en septiembre de 1821. Se convierte en emperador en 1822, pero abdica en 1823, después del levantamiento republicano de Santa Anna. Fue exiliado en Livourne, de donde trata de volver, pero es arrestado y fusilado en 1824.

[229] José María Gutiérrez de Estrada (1800–1867), es originario de Yucatán y ministro de Relaciones Exteriores. Desde 1840 fue jefe del partido monarquista en México. Tuvo que salir al exilio y fue uno de los principales exilados que trabajó para traer a Maximiliano a México. Formó parte de la comitiva que le ofreció la corona de México al francés, en abril de 1864, pero no volvió a su patria con Maximiliano.

[230] Antoine d'Orléans (1824-1890), tío de Carlota, hermano más joven de Louise-Marie, décimo y último hijo de la familia. Se desposó con Luisa de España (1832-1897).

por Carlos V. Napoleón adoptó a todos los grandes españoles de todos los tiempos. Adoptó a Washington,[231] Jefferson,[232] Madison[233] y todos los grandes de Norteamérica. Logré que hicieran franceses a todo el congreso belga de 1830 e hice adoptar un poco más tarde a la Bélgica de ahora por Napoleón III. Le rogué a Napoleón que adoptara las tres razas de Mérovée, comenzando por Clodoveo, Carlomagno y Hugo Capeto, toda la Casa de Francia, toda la Casa de Borbón, toda la Casa de Lorena, todos los hijos legitimados de Francia, todos los condes comprendiendo allí al Duque de Enghien. Todo eso pareció causarle un gran placer. Luego le pedí que se casara con mi padre, y mi padre está en el cielo, el primero después de él a toda la Casa de Orléans le pedía que la adoptara, después al señor hermano de Luis XIV hasta mis tíos Joinville[234] y Aumale,[235] estos últimos estuvieron arrodillados con el resto del ejército ante él. Luis XIV tiene la bandera blanca, se puede decir que no estaba a favor. Yo no quería ni tocarlo pero, como no podía dejarlo en tierra, fue a Luis XIV,

[231] George Washington (1732-1799). Primer presidente de Estados Unidos y comandante en jefe de las fuerzas americanas y francesas en tiempos de la Revolución de América.

[232] Thomas Jefferson (1743-1826). Filósofo y hombre de Estado americano, que fuera el tercer presidente de Estados Unidos.

[233] James Madison (1751-1836). Fue el cuarto presidente de Estados Unidos y uno de los principales fundadores de la forma republicana del gobierno americano.

[234] François d'Orleans (1818–1900), hermano de Louise-Marie, séptimo hijo de la familia.

[235] Henri d'Orléans (1822–1897), hermano de Louise-Marie, noveno hijo de la familia.

a quien se le entregó cuando cambió de lugar. Mi abuelo tiene la bandera tricolor con el gallo galo, yo ya no la quería. Los emblemas galos tienen un resabio a paganismo. Yo vi en la cumbre de todo la inmensa bandera rematada con el águila centelleante que se había convertido en eterna desde el primer día. Pregunté a Napoleón si ésta era la bandera de Austerlitz; él me la mostró, era más pequeña. "Qué es pues eso, señor", agregué "es el que usted bendijo" —respondió. Todo este innumerable ejército está a la derecha del trono de la Trinidad. La Iglesia y la cruz están a la izquierda. Es una cuestión de presencia, pero me causa demasiado mal el resolver así; este resultado está asegurado. Luego vi subir por abajo de la Trinidad una espada. Es el signo de la espada lo que va a regenerarlo todo. Hubo un gran duelo, naturalmente, provocado tanto de una parte como de la otra. Di muerte al general Foy[236] a causa de las flores de lis que aparecieron en la gran bandera que estaba izada. El tenía por segundo a Felipe Augusto a causa de Bouvine y de mí. Capturé a Enrique IV en la causa de Ivry. Enrique IV ama verdaderamente la bandera tricolor. Por un costado tenía la herida de Ravaillac, en el otro puso la mano sobre el pecho mirán-

[236] Maximiliano Foy (1822-1877). General francés egresado de la Escuela Politécnica y de la Escuela de Infantería. Fue asistente de campo del general Baragueys d'Hilliers y lo acompañó a Roma de 1849 a 1850, luego en la expedición del Báltico en 1854. Participó en las batallas de Montebello el 20 de mayo de 1859, en las de Melegnano el 8 de junio y en Solferino el 24 de junio. Fue promovido a teniente coronel y más tarde, en 1864, a coronel. Para 1870 era ya general de brigada. Se retiró por propia petición, y no tomó parte en la lucha contra la Comuna.

dolo. Luis XIV no quería más que la bandera tricolor y rehusó todas las otras. El nos bendijo a usted y a mí, es Loysel de quien se trata aquí, para que usted no vaya a creer que esto es un mito. No solamente di muerte al general Foy una vez sino dos y caímos traspasados. He ahí cómo se dejó usted tomar la delantera. Todo eso fue a causa de las flores de lis; él pretendía que había imaginado todo eso por causa mía; yo percibía lo contrario y por eso nos batimos dos veces. Usted sabe que este episodio del general Foy es histórico y que él lo contó así en la Cámara de Diputados "que él destruyó las flores de lis de Bouvines y de Ivry en la bandera de Austerlitz". Me disgustó muchísimo que él, general de división del imperio, actuara de ese modo. Por ello, desenvainamos y como las flores de lis no se iban yo las perforé de nuevo y las derribamos. En seguida usted y yo dimos muerte a Duguesclin porque tenía una flor de lis en su coraza lo cual nos contrarió, pues nosotros nos dimos muerte a nosotros mismos una media docena de veces únicamente porque teníamos ganas de ello. Parece ser que uno se levanta en el cielo después de muerto; a partir de entonces volvemos a comenzar y yo di muerte al resto de grandes personajes que había siempre a causa y en defensa de la bandera tricolor, porque en el cielo, como en cualquier otra parte, me hago matar por el contrario. Y con todos, si hay la religión de Cristo, hay también la religión de la bandera que no es menos sagrada y no son más que una misma en el honor.

Por lo que se refiere a su matrimonio y al mío, declaro solemnemente que a ambos se les retiró la bendición, tanto al uno como al otro, en la Tierra y en el cielo, puesto que fueron creados por conveniencias pasajeras que Dios no ocasionó. Así concluya pues que somos usted y yo a quienes Dios ha unido para el tiempo y la eternidad. El emperador, al enviarme el anillo de usted, ha permitido que usted envíe el otro a su esposa. Si hubiera venido en diciembre de 1855, usted, Charles Joseph Marie Loysel, oficial francés, capitán del Estado Mayor, a pedir la mano de la princesa Carlota de Bélgica que tenía entonces quince años, ella, su padre y sus dos hermanos habrían aceptado. Habría habido una señora Loysel, pero al príncipe imperial temo que no lo podremos conservar siempre. Usted sabe que yo me habría hecho ametrallar en el patio de honor para dar mi vida por la suya, jamás habría nacido. Esto usted pudo hacerlo, pero no lo hizo. Usted intentó posiblemente quedarse en todas las guerras que hubo. Entonces la campaña estaba terminada, es por ello que usted pudo venir; tuve como una premonición de estas cosas, su carrera estaba asegurada. Este año y el siguiente fueron los más felices de mi vida. Yo lo vi a usted en México. Lo que arrebató mi corazón fue el ejército francés que yo no había visto desde hacía diecisiete años. El mariscal Bazaine venía en ausencia del emperador todos los domingos durante el verano de 1864. El me traía cartas de usted. Lo juzgué por sus cartas. No encontraba por ninguna parte tanta distinción en las ideas y usted sabe que "el estilo es el hombre". Su afecto por el emperador me conmovió. Supe que usted le había cuidado como un hermano; vine hacia usted, hasta ese gran caballo sobre el que estaba con un albornoz, cerca de Toluca, y le di las gracias. No ignoraba lo que vivió en ese pequeño gabinete militar como asistente de campo honorario del emperador pero creo que, sobre todo, está usted en deuda con Éloin[237] y mucho con Scherzenlechner,[238] que Dios les haya bendecido al uno y al otro y les retribuya. Comencé a verle a usted todavía más a menudo cuando el emperador volvió a partir en abril hacia Jalapa. Fue el emperador quien me pidió que lo recibiera para todos los asuntos y todas las veces que usted se hiciera anunciar. Usted expresó el deseo de venir con diferentes personas que me acompañaban a La Cañada, donde lo invitaba a usted. Así estuvimos hasta junio, el día 5; en el intervalo nos fuimos a Monte Alto y una segunda vez a La Cañada. Llegó el señor (ilegible), el general L'Herillier se había quedado, el mariscal Bazaine iba a casarse pero ese matrimonio[239] no se llevó a cabo; por el contrario, sí se realizó el de Napoleón III y la emperatriz Eugenia. Nosotros gobernamos México más o menos y en mi opinión notablemente bien. Regresamos de Puebla y, en ruta para entrar a México, oí salir de la boca del emperador estas palabras que no olvidaré jamás: "Loysel es el

[237] Félix Éloin. Nació en Namur. Gozó de la protección de los altos dignatarios de la corte de Bélgica, y fue secretario, jefe del gabinete y ministro de Estado del emperador Maximiliano. *Cfr.* A. Duchesne, *op. cit.*, p. 89.

[238] Sebastien Scherzenlechner, primer lacayo en la Corte de Viena. Antes de entrar al servicio de Maximiliano no tuvo mayor instrucción, pese a lo cual llegó a ser un hombre de confianza para el emperador en México, al grado de dirigir su gabinete privado, lo cual le provocó constante rivalidad con Éloin, y ser detestado en el ambiente imperial. Abandonó México en desgracia el 28 de febrero de 1865, pero con título de consejero de Estado.

[239] Bazaine se casó en segundas nupcias, en junio de 1865, con una joven y bella mexicana de excelente familia, la señorita Josefa de la Peña y Barragán.

francés que prefiero... (ilegible)" Esta expresión lo salvó a usted. Si el emperador no me hubiera autorizado con esta manifestación del corazón, no hubiera podido hacer lo que hice ni en ocasión de esta conversión ni en ocasión de vuestra dimisión ofrecida subsecuentemente. En mi carta salieron entonces las primeras expresiones de mi estimación hacia usted; ellas se ubicaron tan pronto que experimenté gran gozo. Me parecía haber hecho una buena acción. Por la tarde hubo entre el emperador, usted y yo una especie de encantamiento, de lazos indisolubles que unían nuestras tres almas. Los ojos de usted estaban húmedos, eso llegó a Chapultepec[240] cuando usted salió de casa del emperador y que yo le pedí que jamás lo abandonara, lo cual usted había ya sostenido. Nunca se atrevió a decirme nada en sus cartas, de las que tengo una gran cantidad, la más amable fue la que escribió en el verano pasado.[241] Usted quiso desaparecer, era mi deber sacarlo a flote, alentarlo hacia el emperador, yo añadiría que el afecto que usted me inspiró lo volvía todo fácil. Esto lo exhibo frente a todo el mundo, el afecto es también una bandera y se combate por ella con la frente en alto. Tenga usted dos cosas por ciertas: quiero ser un hombre y quiero casarme con usted. Usted será lo que yo sea, seremos dos almas, las más unidas que Dios haya creado. Puede poner con toda confianza su porvenir, su bienestar que es tan grande, en mis manos. Todo quedará sin mancha. Es evidente que es el emperador

[240] El castillo cerca de México en el que vivía Carlota.
[241] Carta enviada en ocasión de su cumpleaños, el 7 de junio de 1868, misma que Carlota recuerda con frecuencia.

mismo quien ha querido esto; los papeles se han cambiado, usted era el precursor, él ha llegado. Usted me conoce bastante para ver que, después de haber leído en el cielo, era usted a quien Dios me entregaba y él hizo en usted la cosa más sublime que ha habido jamás. A ningún otro aceptaría yo, estaremos unidos en el cielo y en la Tierra, pero yo rechazo todo lo que no sea usted. El emperador también, si volviera seríamos muy amados por él. Es bueno que usted sepa que de él no he recibido ninguna carta desde que sé que vive y que la última fue del inicio de 1867. Rechazo también a Napoleón III si él me lo pidiera, rechazo al príncipe Napoleón, rechazo al príncipe imperial, rechazo a mis tíos, rechazo a mis primos, rechazo al conde de Chambord. ¿Qué más debo añadir? A usted le admiro y puesto que Dios me ha hecho un regalo tan considerable que no sé cómo lo he merecido y que yo no había buscado, le pido que me haga obtener su mano, la mía yo se la doy.

C.

Carlota escribe a Loysel, Laeken, 25 de abril de 1869.

Ignoro si usted sabe la manera en que me enteré, apenas el 12 de enero de 1868, un mes después, de su matrimonio con la señorita Louise Leroy, su compatriota, certificada la muerte del emperador o más bien del archiduque Fernando Maximiliano pues éste es el príncipe que se decía que Juárez envió a Austria y éste era el mismo con quien yo me desposaba el 27 de julio de 1857, la fecha está en el anillo que usted lleva en el dedo, el otro está en mi cajón, yo no lo llevo desde hace dos meses completos. No fue de mi dedo de donde lo saqué para enviárselo a usted, lo retiré del archiduque Fernando Maximiliano; aquel yo lo guardo, como un recuerdo, en nombre de Maximiliano, emperador de México, que no murió en Querétaro. Yo no tengo anillo. Es el hermano menor del emperador de Austria que mi padre y mi abuela (que están en el cielo), me dieron en matrimonio para salvar al mundo cuando Francia perecía por evitar el retorno de la Casa de Orléans, para salvar a Italia también donde se debía ganar Magenta y Solferino. Nosotros pudimos ser el rey y la reina de Italia y no lo fuimos. El archiduque hizo que buscaran en el almacén del palacio de Milán el busto de Napoleón; lo colocó en el fondo de su recámara y me dijo que ahí estaba el ídolo de los italianos. Al volver de Southampton y de Twinckenham, el conde de Rechberg[242] vino de parte del emperador Fran-

---

[242] Conde Jean-Bernard Rechberg de Rothenloeven (1806-1899). De 1859 a 1864 fue ministro de Relaciones Exteriores y de la Casa de Austria. En octubre de 1861 acudió a Miramar para transmitirle a Maximiliano la oferta de Napoleón III.

cisco José, en octubre de 1861, a proponer al archiduque Fernando Maximiliano la corona de México, que ofrecía Napoleón III. El rey de los belgas, Leopoldo Primero, mi padre, y el emperador de Francia, apoyaron esta candidatura. No dudamos en aceptar este trono que Francia erigía al otro lado del mar. Las vicisitudes fueron numerosas hasta el envío definitivo del mariscal Forey.[243] Una vez que Puebla fue tomada en mayo de 1863, la Junta de Notables llamó al archiduque Fernando Maximiliano a la cabeza del imperio establecido. La noticia llegó a Miramar por un telegrama del emperador Napoleón. En el mes de octubre siguiente, el 7, la diputación de notables era recibida por el futuro emperador quien aún no aceptó ese título. El día 10 de abril de 1864, esto era un hecho. Usted ya conocía la historia del 12 de junio de 1864 cuando asistió, detrás del mariscal Bazaine, a nuestra entrada en la capital de México, hasta el 8 de julio de 1866 cuando dejé esta misma ciudad, saliendo con destino a Francia. Un poco antes hubo una escena entre el emperador, Bombelles,[244] Pierron y yo

[243] Elie-Frédérique Forey (1804-1872). Mariscal de Francia, egresado de Saint Cyr en 1824. Participó de manera activa en los sucesos que condujeron al fin de la Segunda República, en 1852. Se distinguió en la campaña de Italia en 1859 y en julio de 1862 fue puesto a la cabeza del cuerpo de expedición francesa a México y nombrado ministro plenipotenciario de Francia. En México, en 1863, fue nombrado mariscal de Francia. Para cuando el gobierno provisorio de México proclamó el imperio y ofreció el trono a Maximiliano el papel de Forey había terminado. Fue llamado a Francia y pasó el mando a Bazaine, quien estaba bajo sus órdenes.

[244] Conde Charles de Bombelles (1832–1889). Hijo de Henri, quien dirigió la educación de Francisco José y de Maximiliano. Vivió toda su infancia con los alumnos de su padre, lo cual explica que Maximiliano lo

a propósito de la abdicación. Pierron es testigo de ello. Pierron hizo el memorándum y la carta que yo llevaría conmigo. Copié toda esta memoria en medio del balanceo del océano y se la hice leer al general Frossard antes que Napoleón la leyera. En seguida fuimos tras el general Brincourt quien se decía se encontraba en Argelia; naturalmente lo encontraron, siempre se encuentra al general Brincourt cuando se le llama. Él se ofreció con extrema amabilidad y generosidad a quedarse en Saint Cloud, en casa del general Rollin, todo el tiempo que durara mi entrevista con el emperador y así lo hizo. La primera cosa que le pedí al emperador fue que hiciera a Brincourt general de división el 15 de agosto (era el 11). Casi no hice otra cosa que reiterar esta petición durante el primer cuarto de hora que duró la conversación.²⁴⁵ No obtuve nada. Al general Brincourt le tenía sin cuidado el ser general de división. Fueron los zuavos quienes defendieron a México, ellos no pudieron impedirlo. Francia pasó a ultramar. El general Douay fue el primero que les envió de regreso haciendo partir al general L'Herillier, el uniforme no hizo nada, todas sus mangas… (ilegible) son más o menos de los zuavos y el general Douay lo es también. Cuando con-

---

haya colmado de favores, a pesar de que era un vividor, siempre endeudado. Fue oficial de Marina, ayudante del archiduque de Austria en 1859. También se desempeñó como chambelán, consejero íntimo y capitán de fragata en 1862; y vino a México con el cargo de capitán y luego de consejero de la Guardia de Palacio en México. Después del fracaso en México fue adscrito al archiduque Rodolfo y se convirtió en el gran maestre de su corte.

²⁴⁵ Esto es todo lo que Carlota reporta sobre esta dramática entrevista.

versé con él a solas vino el general L'Herillier también. Las dos entrevistas en el pequeño salón de México están grabadas en mi memoria, así como las otras dos que tuve en París con el general Brincourt. Estos tres hombres eran la vida de México, yo hice todo lo que pude para mantenerlos juntos, Dios no lo quiso. Es por esto que México está muerto y no por las balas de Juárez que se suprimieron y desaparecieron. Yo hice también mi profesión futura de zuavo en esto porque el emperador Napoleón no me concedió absolutamente nada. Francia fue salvada.[246] Para volver a lo que decía al comienzo, he aquí de lo que me enteré el 12 de enero de 1868, de funesta memoria, pues desde ese día permanecí viuda once meses pero no ceso de serlo hasta la noche del 10 de diciembre cuando vi al emperador en sueños y, para situar la verdad histórica sin anacronismos, después de esto fue usted a quien vi. Pues bien, el 12 de enero me cubrieron de lana y crespón y desde ese día tuvieron el cuidado de llevarme a todas partes en auto y el luto fue riguroso a fin de acreditar bien el contenido de esa caja que la Casa de Austria sepultó en la cripta de los capuchinos. Lo que hay en esa caja, Dios lo sabe. Juárez me habló el otro día en espíritu y me dijo que era una figura de "barro" (platicamos en español) lo que hay ahí dentro y que el almirante Tegetthoff[247] juró en Veracruz

---

[246] Carlota guarda conciencia del rechazo de Napoleón, causa del fracaso en México, pero pone la causa de la salvaguarda de Francia como elemento principal de sus delirios. Apenas evocado este rechazo, vuelve a negar la muerte de Maximiliano.

[247] Tegetthoff, Wilhelm, almirante austriaco que llevó los restos de Maximiliano a Trieste, a bordo de la Novara, el 20 de enero de 1868.

que era el archiduque Fernando Maximiliano. Añadió otra noticia no menos importante: "me han de matar" "Y ¿por qué le han de matar?" —respondí. "por rumores políticos" (en español en el original). El 12 de enero de 1868, el primer mes de una larga agonía, monseñor Dechamps, arzobispo de Malines, vino a mí y me dijo: "El emperador ha muerto, los mexicanos lo asesinaron, fue fusilado como Iturbide". Todavía le pregunté, ¿pero es verdad? Sí, me dijo. Es verdad". Desde ese momento yo fui viuda, me trajeron los diarios que relataban el entierro, el aspecto del cadáver, el artículo decía que tenía un color verdoso que se muestra muchos meses después de embalsamado. Era un reportaje de un corresponsal de Veracruz al periódico belga Independencia. Del emperador, usted sabe, yo nunca tuve una carta; así se confirmó su muerte legal.

Debo agregar por lo que respecta a usted, que di al Papa como razón de la nulidad del matrimonio de usted el que tanto usted como su esposa habían contraído matrimonio dando por cierta la muerte del emperador de México, lo cual no había sido constatado. Las últimas palabras de la última carta del emperador que yo nunca recibí eran estas: "Dios conducirá todo para bien". Ese bien es usted, el me dejó para usted, como un legado de su grandeza despedazada, de su nombre que desapareció como un meteoro brillante, como una estrella caída que no cintila más que en una tumba. La Casa de los Habsburgo le había tachado del catálogo de sus miembros, a pesar de los constantes esfuerzos del emperador Napoleón. El 9 de abril de 1864, en el castillo mismo que él había elevado, se le arrancó jurídicamente la renuncia a todo lo que él era. La sangre

misma le fue arrancada de sus venas.[248] *Pregunte a Éloin*
y a Scherzenlechner, ellos saben. Conozco el desgarro que
se hizo en esta alma vehemente y noble cuando puso su
firma obligado por el deber de hermano, de ciudadano y
de oficial austriaco, bajo esta acta infame que le quitó todo
su pasado. Este día mereció ser oficial francés; esto es lo
que Dios le reservó, esto es lo que la mano de la mujer de
usted obtendrá si usted se la concede.

El único rayo de sol que se filtró en medio de estos crue-
les comienzos de un imperio que se derrumbó, fue la lle-
gada del general Frossard. Vi también el alma del general
Frossard en esos días y también supe de la indignación
concentrada que sintió por su estima hacia el emperador.
Fue también cuando le dije estas palabras que recuerdo:
"General, el emperador y yo vamos a México por el honor
de Francia, por nada más, porque es importante que vaya-
mos". Y ahí llegamos; usted rehuyó este honor, cumplió la
profecía, salvó la vida del emperador. Ahora lo que sucedió
fue de la manera siguiente: Usted sólo estuvo en casa de
Juárez y le dijo cosas que sólo un oficial francés pue-
de decir. Dijo, con un gesto que veo desde aquí, que Francia
lo confundiría si tocaba un solo cabello de la cabeza del
príncipe que había sido llevado al trono sobre su bandera.
Juárez comprendió, así lo hubiera dicho a usted o no, y esto
fue lo que salvó al emperador. En consecuencia, Juárez
dio órdenes: se disparó con balas duras sobre Miramón y

[248] Todo es exacto. Es uno de los momentos más dramáticos para
Maximiliano.

Mejía que cayeron muertos; se disparó con pólvora sobre el emperador quien comandaba el fuego, se ofreció a la muerte verdadera porque así lo quiso, para que Juárez el siguiente diciembre pudiera afirmar ante el mundo que él había caído. El pasaje del discurso de apertura "del Congreso Federal de la República Mexicana", (en español en el original), después de la reelección de Juárez como presidente, fue el siguiente: él habló del castigo para los que habían caído con el emperador, jamás hubo la palabra muerte recibida o inflingida. Él, como republicano, no podía hablar más que de castigo para los hombres que habían seguido al partido contrario y cuando habló fue seis meses después. Él era el Jefe de Estado. Si a Iturbide se le fusiló fue porque nació mexicano y vino a ponerse en el mero medio después de haber abdicado. Como emperador jamás le habrían dado muerte, como libertador menos aún. Como exiliado que regresó lo mataron porque era grande; Iturbide fue el Napoleón mexicano, si Napoleón I el 18 de brumario y Napoleón III el 2 de diciembre no hubieran sofocado el brazo de la república francesa, la república francesa hubiera dado muerte y fusilado tanto al uno como al otro, incluyendo al Duque de Persigny, el mariscal Magnan, el Duque de Morny, el mariscal Forey y todos quienes mostraron valor en ese día. Advierto de paso que si mis descripciones le hacen sentir miedo de ser fusilado, yo me pongo de esa parte. Usted no tiene permiso de ir a ningún lugar donde se fusile o se den espadazos sin que yo reciba la mitad y, si imagina que tiene esta libertad, se encuentra en un grave error. Le prevengo que, si no fuera por mí, su esposa haría justamente lo mismo así que no imagine que haría en alguna ocasión algo sin participárselo y reclamo la preferencia. Lo salvé ya varias veces, excepto del exceso de sus afectos. Usted no tiene sólo uno sino unos cuarenta, y todos los conozco. He leído en su corazón como en un libro, siempre he leído allí y hojeado este libro más que cualquiera otra persona. Además del afecto —eso me intrigaba— era tan extraordinario a veces. Usted quiso esparcir el misterio. No tuvo éxito. De un vistazo yo penetraba siempre en los laberintos de la fidelidad. Cuando venía muy fresco el domingo por la mañana de la misa militar, con la legión de honor, tenía un aire apacible había una cierta asimilación en todas estas cosas y era el deber y era el honor lo que le hacían parecer así. Con el emperador, a quien usted adoraba y esto era recíproco, jamás tuvo desacuerdos; yo los tuve todos y muy considerables. Hubo avalanchas y el rayo y el trueno surcaron mi vista siempre a causa de usted. Por todas las cosas que usted hizo notoriamente erróneas, yo recibí personalmente las represalias y me abstuve de comunicárselo. Tenía el deseo también de que usted brillase y en un cierto 16 de septiembre en que usted trastornó a toda la corte por ir a lugares que no eran para los mexicanos ni para los franceses, sufrí una tremenda mortificación. También tuve un lance por una Cruz de Comendador de la Orden de Guadalupe. Ese día vi al emperador muy enfadado y desde que usted entró le pregunté si había ocasionado el retraso que le disgustó. Usted me respondió que no. Fui pronto a anunciárselo y ese día usted formaba parte del hecho. Sí, usted se disgustó conmigo pero yo recibí las reprimendas. Agrego, para esclarecer mejor, que si hubiera sabido lo que ahora sé sobre lo que piensan las personas, de las necesidades que los unen y son, aquello no me hubiese impresionado en el mismo grado, pero me encontraba entre el yunque y el martillo. Para terminar, me ofrezco garante de dos cosas: que el emperador Maximiliano no quiere reaparecer hasta que ello convenga al emperador Napoleón puesto que por él desapareció, y que será encantador desposar a vuestra esposa y hacerse bretón por los cuatro costados. Esto ha estado muy en boga y ha sido buscado excesivamente. Además, continúo solicitando la mano de usted y en espera de ello se la estrecho.

C.

Carlota escribe a Loysel, Tervueren, 3 de mayo de 1869, Núm. 2.

Mi querido Loysel:

(...) *vengo del parque, me fui a pasear por ahí una hora a causa de usted: recorrí la avenida a lo largo del estanque y mañana haré lo mismo y pasado mañana y mientras el mundo dure usted me encontrará dispuesta a morir, fustigada y, sobre todo, conducida a París, en vista de que -usted lo sabe- no puedo convertirme en hombre y que este hecho no puede darse a conocer más que en el número 8 de la calle Saint Jean Baptiste. Usted sabe, además, que tiene mi confianza en un grado tan elevado que como mujer yo le seguiría por todas partes donde quiera llevarme. Espero que ese momento no esté lejos. Deseo ardientemente verlo y que podamos comunicarnos frente a frente. Mientras usted no aparezca esto podría durar diez mil años pero nadie en la Tierra me oirá pronunciar su nombre.*

Quisiera que pudiera presentarse; lo conozco también demasiado para no saber que ni usted ni ninguno de los oficiales franceses saldrán de Bruselas antes de acompañarme hasta Francia. Así, una pronta terminación de los motivos que nos retienen a usted y a mí aquí, será enormemente deseable y, en mi opinión, incluso urgente. Al pedirle que comparta su nombre y su pasado, que lleve las decoraciones y tenga los grados que usted ha ganado en los campos de batalla, no crea que quiero cubrirme bajo su manto. Deseo tener un valor por mí misma y que seamos dos individuos de igual mérito. Quiero aprender las cosas que usted sabe, aprobar los exámenes que usted ha presentado, y será oportuno comenzar a ocuparnos de ello. Con respecto a la guerra, hace tiempo que usted sabe que muero de deseo de haber participado en ella y que no es sólo el olor de la pólvora lo que me atrae sino también los combates singulares y que es un hecho que nos encontremos con unas espadas, para darnos muerte uno al otro al minuto siguiente. Por mi parte, tengo la costumbre (como usted) de tener resoluciones firmes y prever las cosas con objetividad. Cada día que lo he incitado me ha encontrado en el entorno mismo que le he indicado, esto no ofrece la menor duda y cuando se dice a quienquiera que desee darse muerte con él es necesario que sea decidido y se considere en posibilidad de hacerlo. (…) En el futuro y todos los días iré a dar un paseo por la avenida que bordea el estanque. (…) Por lo demás, si usted me lleva a Francia y arregla que nosotros nos demos de fuetazos y nos batamos más tarde en duelo, estoy dispuesta a hacerlo cuando usted quiera. No quiero ser militar sin merecerlo; todos los peligros que otros han corrido los quiero pasar de una manera o de otra. Me declaro francés y oficial francés, el décimo entre ustedes frente al cielo y la Tierra. Declaro que quiero seguir y defender a la bandera francesa hasta los confines del mundo y si todas las naciones quieren degollarme, que tal es mi voluntad, y por esta sola razón ellas no tienen más que hacerlo. Pero yo persisto en ello; mi sangre la vierto por Francia, mi fidelidad la juro al emperador y seré su más devoto y fiel servidor como lo es usted. El ejército es mi patria, el águila es mi guía y el nombre de Loysel es el faro que me iluminará. Si yo firmo este nombre puede ver que mi corazón es francés, que mis sentimientos son de militar, que tengo una elevada idea de las obligaciones que este nombre me impone y del honor que se tiene al llevarlo.

(...) Al tener conocimiento de ello, es claro que debo hacer estudios. Toda mi vida he deseado aprender más de lo que he aprendido, sobre todo ser examinado. A otros no les gustaría eso. A mí me gustan tres cosas: el peligro, el deber y causarme dolor. He aprendido siempre todo lo que me han enseñado y pronto, nada me desalienta cuando hay una obligación y un objetivo. He deseado ardientemente labrarme un porvenir por mí misma; detesto las fortunas que no han costado nada y las coronas que nacieron ya sobre la cabeza. Siento que tengo el temple necesario para abrirme paso en este mundo, mezclarme y meterme con todos, construirme un espacio que yo misma habré creado, que yo iniciaré y que yo sostendré. Mi pasado es como un pizarrón sobre el cual han pasado la esponja excepto por lo que respecta a usted; de eso me acordaré. Desde el momento en que usted me dé su nombre, no tendré más que vuestro pasado (...) sé bien lo que se debe a un amigo como usted por hacer de mí un hombre. Esto será de tal manera grandioso que no encontraré expresión alguna para decirle otra cosa sino es que mi vida está a su servicio y que mi gratitud es tan considerable que no hay término que la contenga ni límite que la pueda agotar. Tengo el corazón lleno de las bondades del emperador Napoleón. Le he tenido un afecto sincero (...) Así, Loysel, adiós. No abandone a la hermana actual y futuro hermano gemelo que continúa presentándose como candidato para desposarlo a usted. Jamás se ha visto que se requirieran insistencias parecidas porque usted es el primer hombre a quien se le pide en matrimonio y eso es tan importante que las cosas tardan tanto tiempo pues, en efecto, usted es muy difícil de conquistar.

Esto es un poco como La Bella Durmiente del Bosque.

Que Dios lo bendiga.
C. Loysel.

Carlota escribe a Loysel, Tervueren, 5 mayo de 1869, Núm. 2.

(…) Usted, Loysel, es el obstáculo que existe entre la ciencia y yo; usted es el dique que Dios ha puesto en el diluvio del mal, su alma debe ser la más bella que Dios ha creado. Yo lo amo y este amor se refleja en su semejanza; somos dos —yo sin la ciencia y usted con ella— y deseo vehementemente que usted la conserve, pues uno de nosotros debe tenerla, las dos almas más parecidas que Dios haya creado jamás. Después de nosotros dos vienen Max y la mujer de usted, ellos también se amarán. El emperador se le parece pero jamás he ahondado en su alma como en la de usted. Usted no se ha sumergido en el alma de su mujer como en la mía. Usted sabe que cuando nos dejamos, el 5 de junio de 1865 cuando fui a Puebla, nos habíamos visto durante un mes con la mayor honestidad del mundo, ocupándonos entonces de política, usted que estaba por cumplir cuarenta años, usted que había visto al enemigo, la pólvora y las batallas, lloraba y yo también; sentíamos que no había en el alma algo que fuera más grande que las lágrimas. Venturosamente, el señor Bonnefond[249] había mandado elaborar columnas de cifras que no se leían fluidamente y resultaron divertidas. El comandante Loysel allanó las dificultades financieras con su aplicación. La emperatriz de México lo dejó hacer. De ahí, se fue con los proyectos

---

[249] Bonnefond, consejero financiero francés, inspector general de finanzas del imperio mexicano. Muerto en plena actividad y sustituido por Langlais, en noviembre de 1865.

que quedaron un poco oscuros y yo salí para Puebla. Al día siguiente, querían hacerme atravesar el río a caballo con el tintineo de los sables de la caballería de los caballos a galope, un bello sol, no se hizo nada ahí; arriesgaba tímidamente la petición ante Bombelles si creía que tendría ocasión de que Loysel fuera también llamado por el emperador a Puebla y como me dijo que no, cosa que yo sabía desde antes, todo ese día estuve malhumorada como las piedras y no me liberé de esto sino hasta que el emperador comenzó a hablarme de Loysel con afecto. Actuó así para atraerme al buen humor. No pienso que él estuviese alegre tampoco. Los trabajos en los diferentes gabinetes que había entonces, los cuales -excepto el suyo- se encontraban en un estado caótico bastante notable pero el emperador estaba disfrutando de la distracción tanto como yo. Esto es sólo para refrescar los recuerdos; yo le he dicho que me acuerdo del pasado que le involucra.

Le envío un abrazo, Loysel y soy
su más fiel hermano y amigo,
C. Loysel.
Teniente-coronel del Estado Mayor.

Carlota escribe a Napoleón III, Tervueren, 17 de mayo de 1869, Núm. 2.

Señor:

Se necesita un alma de hierro para resistir las dificultades que renacen a mi paso después que las he vencido y que mi corazón se abre a la esperanza de haberlas superado. Pero no fracasaré en mi tarea. Vuestra majestad puede contar conmigo, yo cuento con ella. Mi voluminosa correspondencia con Loysel prueba a vuestra majestad que no amo más que a él, que no me desposaré más que con él, que sólo él compartirá mi destino. Pero, señor, esto debe convencerle también de mi devoción por él y por usted. Además de esta seguridad, usted seguirá su carrera a la cabeza del mundo. Usted nos tendrá siempre a su lado, dispuestos a derramar nuestra sangre para reafirmar la supremacía de usted sobre los hombres y para defender la corona que el pueblo francés ha puesto sobre su cabeza.

Quedo de usted, señor, con un profundo respeto, de vuestra majestad, el más obediente y fiel servidor. C. Loysel. Teniente-Coronel del Estado Mayor.

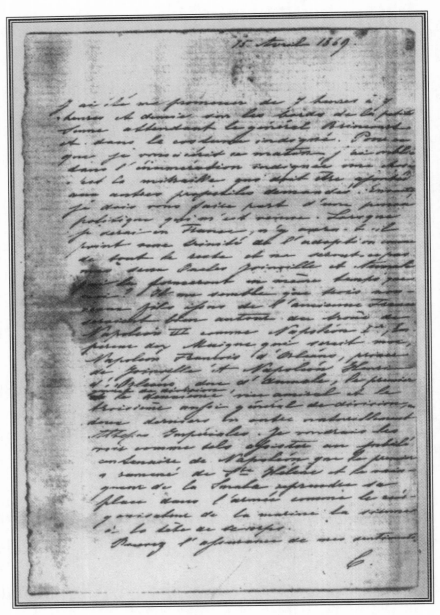

Carta de Charlotte, 15 de abril de 1869.

Índice de nombres

No se incluyen Carlota, Charles Loysel, Napoleón III ni Maximiliano porque aparecen en casi todas las páginas.

Una emperatriz en la noche

Correspondencia desde
la locura de la emperatriz
Carlota de México
febrero a junio de 1869

Terminó de imprimirse en abril de 2016, en
los talleres de Publicidad y Diseño Jigme, S.A.
de C.V., Félix Cuevas núm. 520, col. Del Valle,
Benito Juárez, C.P. 03100, Ciudad de México,
con un tiraje de 1000 ejemplares.